Fabian Goerigk

GAMER'S KITCHEN

schnelle & gesunde Rezepte

GUT EDEL

GUTEDEL VERLAG
www.gutedel-verlag.de

VORWORT

ZOCKEN IST EINFACH DAS GEILSTE!

Scheißegal, welche Konsole, welches Genre, ob solo, im Duo oder im Squad. Gaming ist aus meinem Alltag nicht mehr wegzudenken. Schon als Kind habe ich Stunden vor der Glotze gesessen und die verschiedensten Spiele gezockt.

Das Ganze habe ich **meiner Oma** zu verdanken, der wahrscheinlich ältesten Gamerin der Welt. No Joke! Es waren ihre Konsolen und ihre Games. Und ihre Leidenschaft, die sie auf mich übertrug. Sie hat einfach immer wieder durchgezockt, bis sie alles in- und auswendig kannte – ein Spiel so lange zu grinden, finde ich heute noch einfach krass. Nicht zuletzt deshalb war das Sonntagsessen bei Oma und Opa immer ein absolutes Highlight. Sie waren es auch, die mir zu Weihnachten meine erste Konsole schenkten. **Eine Nintendo 64.**

Heute sitze ich in meiner eigenen Wohnung, habe die **verschiedensten Konsolen** durch und kenne **jedes gängige Genre.** Ich habe Freunde gefunden, viele Nächte durchgezockt und das eine oder andere Mal war ich kurz davor, **straight durch den Monitor zu schlagen.** #dankedarksouls

Aber mal Realtalk: Was mich wirklich abfuckt, ist das Essen. Don't get me wrong! Ich esse gern – und wenn es gut schmeckt, umso besser. **Doch mit Kochen kann ich einfach nicht viel anfangen.** Wenn ich abends von der Arbeit komme, will ich einfach entspannt eine Runde zocken und dabei was Leckeres genießen. **Mir ständig Chips oder TK-Pizza reinzuhauen:** Darauf habe ich allerdings keinen Bock mehr. Und auf Fett und Krümel überall auch nicht.

Geile, leckere und schnelle Rezepte zu finden, die man easy vor dem PC snacken kann: Das war meine Motivation für dieses Buch. Noch dazu bleibt damit auch **mehr Zeit zum Zocken,** ohne die Team-Mates mit Rumgecrunche zu nerven. Ohne fetttriefende Finger an der Maus. Ohne haufenweise Krümel aus der Tastatur zu schütteln. Ohne gefühlte 50 Töpfe, 20 Brettchen und 10 Pfannen sauber zu machen. Einfach schnell in nur einem Topf, auf einem Blech oder in der Mikrowelle zubereiten, vor den Fernseher oder PC knallen, zocken – **und ganz entspannt im Einhandmodus essen.**

DAS IST DER DREAM!

AUTOR

HI! ICH BIN'S, FABIAN GOERIGK AUS DORTMUND.

Fotograf und Gamer, seit ich denken kann. Online bin ich als **Fluuit** auf den verschiedensten Konsolen unterwegs. **#connectwithme** Zu meinen All-Time Favorites gehören **„Path of Exile", „Borderlands"** und **„Dark Souls".** Daneben gibt es viele andere Games, die ich hart feire. Aber alle aufzuzählen, das würde echt den Rahmen sprengen.

Ich selbst sehe mich als **Variety Gamer,** habe also kein Lieblingsgenre, bin einfach nur von Videospielen fasziniert. Mir ist es vollkommen egal, ob ich in **Casual oder Competitive Games** unterwegs bin, ob die Grafik nice oder alles total innovativ ist. Drücke mir 'nen Gameboy mit Tetris in die Hand – ich bin weg und habe Spaß.
Wenn ich zocke, dann richtig.

Generell: **Wenn ich etwas mache, dann richtig.** Ist einfach so. Auch dieses Buch. Obwohl: Erst mal war es nur ein Joke. Der mich aber nicht losgelassen hat. Denn wie geil wäre es, Rezepte zu haben, die schnell gemacht sind und perfekt zum Gaming passen!?!
Das Ergebnis: **„Gamer's Kitchen".** Und eines kann ich dir sagen: Ich bin nun wirklich kein Gourmet, aber die Rezepte sind mein persönliches Best-of – **fix zubereitet und saulecker.**
Und: Sie schmecken noch besser, wenn man nebenbei gewinnt …

F – Fotografie	◀ 11 ▶
A – Ausdauer	◀ 6 ▶
B – Beweglichkeit	◀ 8 ▶
I – Intelligenz	◀ 2 ▶
A – Aussehen	◀ 16 ▶
N – Nichtraucher	◀ 13 ▶

11 Points available

INHALTSVERZEICHNIS

EINSTIEG

EASY-PEASY: 15-MINUTEN-REZEPTE 12

DER KITCHENDEX
ERKLÄRUNG

Du vergleichst Items, checkst jeden Skilltree bis ins Detail und passt deinen Charakter perfekt an deinen Spielstil an, damit du die besten Werte mitnimmst. In den Games überlässt du rein gar nichts dem Zufall und bist darauf fokussiert, besser und stärker zu werden. Aber der Erfolg ingame ist nicht nur von Equipment und Skills abhängig, sondern auch von dir. Da ist es doch nur logisch, deine Performance durch eine gesunde Ernährung zu pushen.

Genau dafür ist der Kitchendex da! Er ist so etwas wie ein Zutatenlexikon. Hier findest du nützliche Infos, welche Vorteile dir welches Rezept überhaupt bringt und wie du die Ernährung an deinen Lifestyle anpasst. Denn auch solche wichtigen Entscheidungen solltest du nicht zufällig treffen – schließlich würfelst du ja auch nicht darum, welchen Skill du als Nächstes freischaltest.

Hast du beispielsweise vor, eine besonders lange Session einzulegen?
Ein perfekter Sattmacher ist die Killstreak-Kartoffelstulle mit Meerrettich.
Oder willst du lieber full tryhard ins nächste Ranked reingehen?
Dann ist einer der Fokus-Booster die beste Wahl.

Du siehst: Ein bisschen ist es so, als würdest du dein eigenes Pokemon-Team zusammenstellen – eben nur mit Mahlzeiten. Und du als Gamer kannst dich nur dann bis zum Top-Level improven, wenn du die Benefits der Zutaten kennst.

ÜBERSICHT DER VERSCHIEDENEN EFFEKTE

- AUSDAUER-STEIGERER
- BAKTERIEN-KILLER
- BLUTDRUCK-SENKER
- ENTZÜNDUNGS-HEMMER
- FOKUS-BOOSTER
- HUNGER-BEKÄMPFER
- IMMUN-BOOSTER
- LEISTUNGS-STEIGERER
- MOTIVATIONS-SCHUB
- REGENERATIONS-BOOSTER
- RUNDUM-VERSORGER
- STRESS-VERNICHTER
- VERDAUUNGS-HELFER

KAPITEL 1

EASY-PEASY

15 MINUTEN REZEPTE

ARCADE

AVOCADO-FETA-PUMPERNICKEL-LASAGNE

Easy-peasy

PREPARATION TIME
5 MIN.

PLAYER
2

Nährwerte pro 100 g

KALORIEN	KOHLENHYDRATE	EIWEISS	FETT
195 kcal	13,6 g	6,2 g	13,7 g

ITEMS

4 Scheiben Pumpernickel (100 g)

1 Avocado (270 g)

1 Pck. Feta (150 g)

Salz

schwarzer Pfeffer aus der Mühle

PREPARATION

1. Die Pumpernickelscheiben mit einem Messer vorsichtig voneinander lösen.
2. Die Avocado halbieren, den Kern entfernen und das Fruchtfleisch mit einem Löffel herauslösen.
3. Feta und Avocado mit einer Gabel zerdrücken und vermengen. Mit Salz und Pfeffer würzen.
4. Die Pumpernickelscheiben mit der Avocado-Feta-Creme bestreichen, stacken und mit einem Säge- oder Elektromesser in Würfel schneiden.

SHOPPING LIST SCHNELL AUFS HANDY?

PRO-TIPP

Eine unreife, harte Avocado kannst du bei 90 °C Ober-/Unterhitze im Ofen reifen lassen. Dazu die Avocado in Alufolie wickeln und 10 Minuten in den Ofen legen. Anschließend im Kühlschrank abkühlen lassen.

AVOCADO

Die sogenannte Butter des Waldes ist vollgepackt mit Nährstoffen. Sie hat viele ungesättigte Fettsäuren und ist reich an Mineralstoffen und Vitaminen, die die kognitiven Fähigkeiten unterstützen.

Die Omega-3-Fettsäure ist hier besonders hervorzuheben. Außerdem stecken Avocados voller Magnesium, Kalium, Lutein und Folsäure sowie den Vitaminen A, C, D, E und K. Kalium ist für die Funktion unserer Nerven- und Muskelzellen verantwortlich, umso wichtiger ist eine ausreichende Zufuhr.

PUMPERNICKEL

Pumpernickel ist eines der gesündesten Brote überhaupt. Das doppelt gebackene Vollkornbrot enthält auf 100 g über 30 g Kohlenhydrate und ist somit ein perfekter Energielieferant.

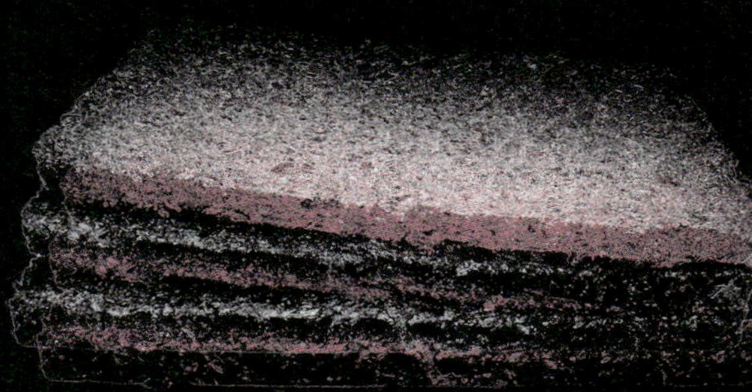

Durch das Roggenvollkorn ist es sehr sättigend und weist einen sehr geringen glykämischen Index auf – das heißt, es lässt den Blutzuckerspiegel nur langsam ansteigen. Du bleibst länger satt und hast weniger Ermüdungszustände.

FOKUS-BOOSTER | MOTIVATIONS-SCHUB | HUNGER-BEKÄMPFER | REGENERATIONS-BOOSTER

THUNFISCH

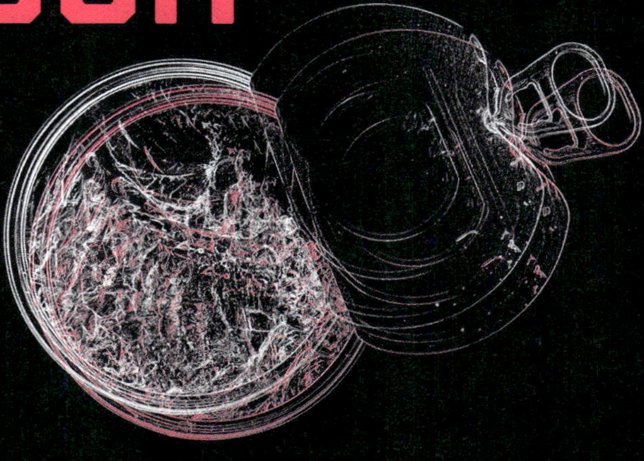

Thunfisch ist einer der beliebtesten Fische in Deutschland. Er liefert viele Proteine, Vitamine und Mineralstoffe. Die gesunden Omega-3-Fettsäuren sind ebenfalls enthalten. Diese beugen Herz-Kreislauf-Erkrankungen vor und buffen die Aktivität des Gehirns und die Funktion der Augen.

SESAM

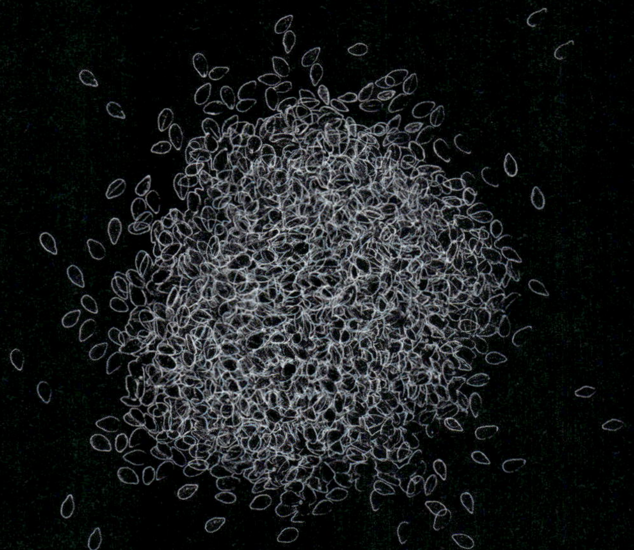

Die ölreichen Samen werden gern als Würzmittel verwendet. Außerdem gilt Sesam als Heilmittel. Sesamöl ist sehr geschmacksintensiv. Das Fett der Sesamsaat besteht zu 100 Prozent aus ungesättigten Fettsäuren, insbesondere aus Ölsäure, Linolsäure und Omega-6-Fettsäure. Sesam hat den perfekten Mix aus gesunden Fetten, Vitaminen und Mineralstoffen. Der hohe Anteil an Kalium supportet unser Herz. Im Vergleich zu Milch enthält Sesam die sechsfache Menge Magnesium und stärkt somit unsere Knochen.

LEISTUNGS-STEIGERER

BLUTDRUCK-SENKER

RUNDUM-VERSORGER

PREPARATION TIME
5 MIN.

PLAYER
2

Nährwerte pro 100 g

KALORIEN	KOHLENHYDRATE	EIWEISS	FETT
201 kcal	16,6 g	11,2 g	10,5 g

ITEMS

1 Dose Thunfisch (150 g)

1 EL schwarze Sesamsaat (8 g)

1 EL Sesamöl (10 ml)

2 EL Mayonnaise (30 g)

Saft von ½ Zitrone

Salz

schwarzer Pfeffer aus der Mühle

1 Frühlingszwiebel

2 Scheiben Vollkornbrot

PREPARATION

1. Thunfisch mit Sesamsamen und Sesamöl vermengen.
2. Mayonnaise unterrühren und mit Zitronensaft, Salz und Pfeffer würzen. Die Frühlingszwiebel putzen, waschen, in Ringe schneiden und unter die Thunfischcreme rühren.
3. Den Aufstrich auf den Vollkornbrotscheiben verteilen und die Brote halbieren.

SHOPPING LIST SCHNELL AUFS HANDY?

PRO-TIPP

Kaufe am besten Thunfisch in der Dose in Wasser und nicht in Öl. So vermeidest du fettige Finger und Fettflecken. Außerdem hältst du den Fettanteil des Gerichts niedrig.

QUICKTIME

THUNFISCHSTULLE MIT SESAM

KiLLSTREAK

KARTOFFELSTULLE MiT MEERRETTiCH UND SCHNiTTLAUCH

Easy-peasy

PREPARATION TIME
7 MIN.

PLAYER
2

Nährwerte pro 100 g

KALORIEN	KOHLENHYDRATE	EIWEISS	FETT
162 kcal	23,1 g	3,4 g	6,7 g

ITEMS

2–3 mittelgroße gekochte Kartoffeln (250 g)

1 Becher saure Sahne (100 g)

1 TL Sahnemeerrettich (7 g)

1 EL Schnittlauchröllchen

Salz

schwarzer Pfeffer aus der Mühle

2 Scheiben Vollkornbrot

PREPARATION

1. Kartoffeln, Sahne und Sahnemeerrettich mit einer Gabel zerdrücken.
2. Schnittlauchröllchen adden und mit Salz und Pfeffer würzen.
3. Die Brotscheiben damit bestreichen und servieren.

SHOPPING LIST SCHNELL AUFS HANDY?

PRO-TIPP

Die Kartoffelcreme kann ganz nach Belieben variiert werden. Wer Sahnemeerrettich nicht mag, fügt einfach etwas ausgelassenen Speck hinzu. Für eine fruchtige Variante eignet sich etwas Apfelmus sehr gut.

KARTOFFEL

Die Kartoffel ist eines der ältesten Lebensmittel der Welt. Sie ist gesund, nahrhaft und kalorienarm. Allen voran sind Vitamin C und die B-Vitamine enthalten. Die B-Vitamine wirken sich sehr gut auf das Nervenkostüm aus: Sie schützen vor Müdigkeit, regen den Energiestoffwechsel an und boosten die geistige Leistung. Vitamin C wirkt entzündungshemmend und ist an vielen Stoffwechselprozessen beteiligt. Außerdem liefern Kartoffeln hochwertiges Eiweiß und sind ein guter Sattmacher.

HUNGER-BEKÄMPFER

REGENERATIONS-BOOSTER

LEISTUNGS-STEIGERER

BANANE

Bananen sind ein wahres Superfood. Bei Sportlern gelten sie als leicht verdauliche und schnelle Energielieferanten, was am enthaltenen Fruchtzucker liegt. In Bananen sind alle neun essenziellen Aminosäuren enthalten, also die Eiweißbausteine, die unser Körper nicht selbst herstellen kann. Mit einem High Level an Magnesium beugen sie Muskelkrämpfen vor und der Mineralstoff Kalium ist vor allem für die Nerven und die Funktion aller Zellen zuständig.

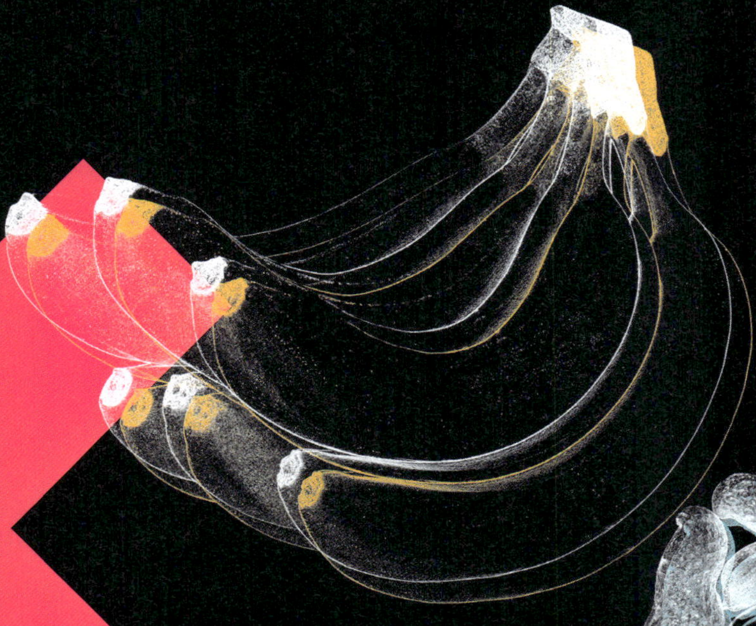

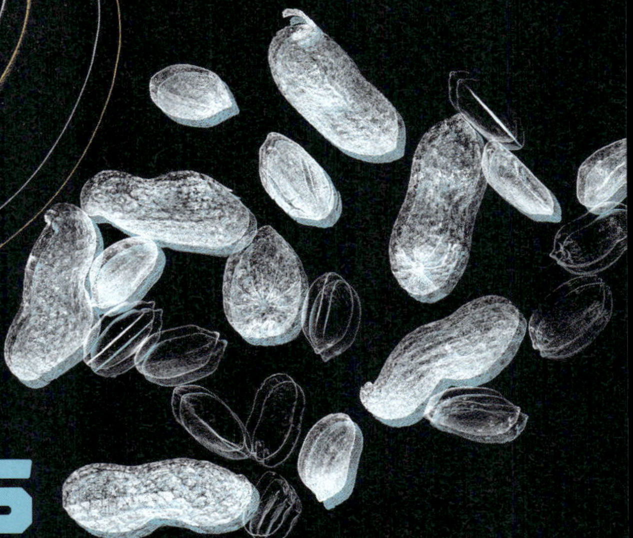

ERDNUSS

Erdnüsse enthalten viel pflanzliches Eiweiß, mit 25 g Protein pro 100 g sind sie ein starker Eiweißlieferant für sportlich aktive Menschen. Der hohe Fettgehalt und die ungesättigten Fettsäuren wirken sich sehr positiv auf den Cholesterinspiegel aus. Und der hohe Anteil an Ballaststoffen macht Erdnüsse zum perfekten Sattmacher.

VERDAUUNGS-HELFER

AUSDAUER-STEIGERER

HUNGER-BEKÄMPFER

PREPARATION TIME
7 MIN.

PLAYER
2

Nährwerte pro 100 g

KALORIEN	KOHLENHYDRATE	EIWEISS	FETT
248 kcal	30,5 g	7,8 g	11,0 g

ITEMS

2 Wraps

4 EL Erdnussbutter (80 g)

2 EL gehackte Erdnusskerne (20 g)

2 Bananen (280 g)

2 Stängel frisches Basilikum

PREPARATION

1. Wraps auslegen, mit Erdnussbutter bestreichen und gehackte Erdnüsse darüberstreuen.
2. Die Bananen schälen und jeweils eine Banane in einen Wrap wickeln.
3. Die Wraps in 1 cm dicke Scheiben schneiden. Die Basilikumblätter abzupfen und über die Erdnussbutter-Bananen-Wraps streuen. Done!

SHOPPING LIST SCHNELL AUFS HANDY?

PRO-TIPP

Bananen bitte nicht im Kühlschrank aufbewahren, sondern am besten bei Zimmertemperatur an einem dunklen Ort.

EASY

ERDNUSSBUTTER-BANANEN-WRAP

BADASS

BIRNEN-BRIE-WRAP MIT SPINAT

PREPARATION TIME
12 MIN.

PLAYER
2

Nährwerte pro 100 g

KALORIEN	KOHLENHYDRATE	EIWEISS	FETT
196 kcal	12,5 g	7,5 g	13,4 g

ITEMS

1 Zwiebel (80 g)

1 Knoblauchzehe

1 Beutel Babyspinat (200 g)

1 EL Olivenöl

frisch geriebene Muskatnuss

Salz

schwarzer Pfeffer aus der Mühle

2 Wraps

2 EL Erdnussmus (30 g)

1 Birne (250 g)

1 Stück Brie-Käse (280 g)

PREPARATION

1. Zwiebel schälen und in Würfel schneiden. Knoblauchzehe abziehen und fein hacken. Spinat abbrausen und abtropfen lassen.
2. Zwiebeln und Knoblauch in heißem Olivenöl glasig anschwitzen. Den Spinat zufügen und 2 Minuten mitdünsten, bis er in sich zusammengefallen ist.
3. Mit Muskat, Salz und Pfeffer würzen.
4. Wraps auslegen und mit dem Erdnussmus bestreichen. Die Zwiebel-Spinat-Mischung darauf verteilen.
5. Die Birne und den Brie-Käse in Scheiben schneiden, auf die Wraps legen und zum Essen einrollen.

SHOPPING LIST SCHNELL AUFS HANDY?

PRO-TIPP

Frischer Spinat hat ein vielfaches Volumen, bevor er gegart wird. Don't panic! Die Menge reduziert sich und es bleibt weniger übrig, als du erwartest. Übrigens kannst du auch Tiefkühlspinat für das Rezept verwenden. Den musst du vor der Zubereitung natürlich auftauen lassen.

SPINAT

In Sachen Kalorien ist Spinat ein absolutes Leichtgewicht, enthält aber wertvolle Nährstoffe, weshalb ich auf den grünen Superhelden schwöre. Dazu gehören Beta-Carotin und Vitamin C. Beta-Carotin ist die Vorstufe von Vitamin A, das für unser Wachstum und die Sehkraft verantwortlich ist. Vitamin C dient der Immunabwehr gegen Krankheitserreger. Die Mineralstoffe Eisen und Calcium sind ebenfalls in ausreichenden Mengen enthalten. Eisen supportet die Aufnahme von Sauerstoff im Blut und Calcium ist an starken Knochen, gesunden Zähnen und kräftigen Haaren beteiligt.

BIRNE

Die Birne ist insane beim Liefern von Vitaminen (Vitamin C, Vitamin-B-Komplex) und Mineralstoffen (Eisen, Kalium, Kupfer, Jod, Magnesium, Phosphat und Zink). Wie beim Apfel befinden sich die meisten Vitamine unter der Schale, deshalb isst man Kernobst am besten ungeschält. Im Gegensatz zum Apfel enthält die Birne nur wenig Fruchtsäure und ist leicht verdaulich. Durch den hohen Ballaststoffanteil sättigt sie schnell und fördert die Verdauung.

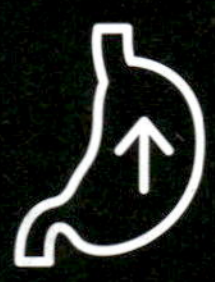

HUNGER-BEKÄMPFER

REGENERATIONS-BOOSTER

LEISTUNGS-STEIGERER

PIZZAWAFFEL

CHEAT DAY!

HUNGER-
BEKÄMPFER

PREPARATION TIME
15 MIN.

PLAYER
2

Nährwerte pro 100 g

KALORIEN	KOHLENHYDRATE	EIWEISS	FETT
323 kcal	35,5 g	8,8 g	16,4 g

ITEMS

Pflanzenöl zum Einfetten

1 Pck. Pizzateig (600 g; aus dem Kühlregal)

12 Scheiben Salami

4 Scheiben Gouda-Käse

½ TL getrockneter Oregano

PREPARATION

1. Das Waffeleisen mit etwas Pflanzenöl einfetten und vorheizen.
2. Den Pizzateig ausrollen. Mithilfe eines Tellers in der Größe des Waffeleisens vier Kreise aus dem Pizzateig ausstechen.
3. Jeweils zwei Kreise mit Salami und Käse belegen, dann Oregano darüberstreuen.
4. Mit den anderen beiden Teigkreisen abdecken und jeweils 5 Minuten im Waffeleisen backen.

SHOPPING LIST SCHNELL AUFS HANDY?

PRO-TIPP

Tomatensauce kommt bei dieser Pizza nicht zum Einsatz, weil es sonst ein einziges Mess wird. Gern kannst du die Waffeln beim Essen in Ketchup tunken.

PVP

PIZZAWAFFELN QUICK 'N' DIRTY

NEXTGEN

NUDELN MIT TOMATE UND MOZZARELLA

Easy-peasy

PREPARATION TIME
15 MIN.

PLAYER
2

Nährwerte pro 100 g

KALORIEN	KOHLENHYDRATE	EIWEISS	FETT
180 kcal	9,7 g	6,5 g	13,2 g

ITEMS

125 g Nudeln (Cellentani)

Salz

1 Pck. Kirschtomaten (200 g)

3 EL Pesto aus dem Glas

2 EL Olivenöl

1 Pck. Minimozzarella (125 g)

schwarzer Pfeffer
aus der Mühle

PREPARATION

1. Die Nudeln 12 Minuten in kochendem Salzwasser kochen und anschließend mit kaltem Wasser abschrecken.
2. Tomaten waschen und halbieren.
3. Nudeln mit Pesto und Olivenöl vermengen. Mit Salz und Pfeffer würzen.
4. Tomaten und Minimozzarella hinzufügen und auf Schüsseln verteilen.

SHOPPING LIST
SCHNELL AUFS
HANDY?

PRO-TIPP

Wer möchte, kann das Pesto auch fresh aus 100 g Basilikum, 100 ml Olivenöl, einer Knoblauchzehe, 1 EL Walnusskernen und 2 EL geriebenem Parmesan herstellen. Einfach alles mit dem Stabmixer zerkleinern. Was nicht gebraucht wird, kommt in ein Schraubglas. Mit einer dünnen Schicht Olivenöl darüber und im Kühlschrank aufbewahrt hält es sich knapp 4 Wochen.

TOMATE

Tomaten haben reichlich Vitamin C, Kalium, Ballaststoffe und sekundäre Pflanzenstoffe. Ihre Färbung verdanken sie den Carotinoiden. Diese sekundären Pflanzenstoffe stecken in hohem Maß in der Schale und wirken antioxidativ. Besonders Lycopin ist in der Tomate enthalten. Das schützt vor Herzkrankheiten und mindert das Krebsrisiko. Das Mineral Kalium ist ein absoluter MVP und für uns lebensnotwendig.

MOZZARELLA

Mozzarella ist ein Kuhmilchkäse mit einem geringen Fettgehalt von etwa 18 g pro 100 g – davon sind 7 g ungesättigte Fettsäuren. Diese können wir nicht selbst craften und müssen sie über die Nahrung aufnehmen. Sie senken in hohem Maß das Risiko von Herz-Kreislauf-Erkrankungen. Außerdem ist der Proteingehalt von Mozzarella mit 20 g pro 100 g einfach strong. Und das Beste zum Schluss: Guter Mozzarella muss nicht viel kosten.

BAKTERIEN-KILLER

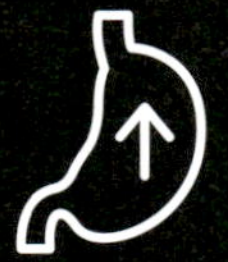

HUNGER-BEKÄMPFER

RUNDUM-VERSORGER

ENTZÜNDUNGS-HEMMER

RÄUCHERLACHS

Räucherlachs hat reichlich ungesättigte Omega-3-Fettsäuren, die vor einem hohen Cholesterinspiegel protecten. Außerdem wirken sie vorbeugend gegen Herzinfarkt und Schlaganfall. Die Fettsäuren im Lachs senken zu hohe Blutfettwerte und avoiden so auch Bluthochdruck. Im Klartext heißt das: Die Fließfähigkeit des Blutes wird verbessert, wodurch das Risiko für Herz-Kreislauf-Erkrankungen sinkt. Die Vitamine A, D und E sowie die Mineralstoffe Calcium, Magnesium, Jod, Fluor und Selen runden den ernährungsphysiologischen Nutzen von Lachs ab. Die Deutsche Gesellschaft für Ernährung empfiehlt übrigens, in der Woche ein bis zwei Portionen Fisch zu essen.

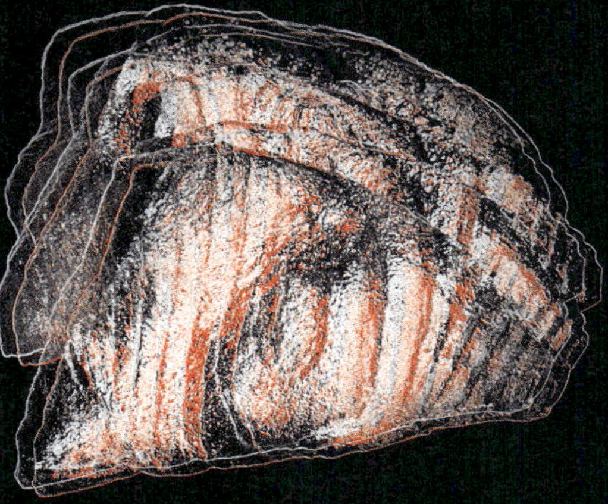

VOLLKORN-TOASTBROT

Vollkorn-Toastbrot ist eine gute Ballaststoffquelle, es fördert die Verdauung und sättigt lange. Zu 90 Prozent wird es aus Vollkornmehl hergestellt. Gegenüber reinem Weißmehl hat Vollkornmehl mehr Nährstoffe und Vitamine. Das liegt daran, dass nicht nur der Mehlkörper des Korns verarbeitet wird, sondern auch der Keimling mit seiner Aleuronschicht und die Samenschale.

RUNDUM-VERSORGER

AUSDAUER-STEIGERER

BLUTDRUCK-SENKER

PREPARATION TIME
10 MIN.

PLAYER
2

Nährwerte pro 100 g

KALORIEN	KOHLENHYDRATE	EIWEISS	FETT
181 kcal	12,1 g	10,8 g	10,0 g

ITEMS

4 Scheiben Vollkorn-Toastbrot

½ Pck. Frischkäse (100 g)

Saft von ½ Zitrone

1 Prise Zucker

2 EL süßer Senf

1 Pck. Räucherlachs (200 g)

¼ Salatgurke (120 g)

3 Stängel frischer Dill

Salz

schwarzer Pfeffer aus der Mühle

PREPARATION

1. Die Toastbrotscheiben im Ofen oder Toaster rösten.
2. Frischkäse, Zitronensaft und Zucker verrühren. Frischkäsecreme auf die Toastscheiben streichen.
3. Süßen Senf ebenfalls daraufstreichen.
4. Räucherlachs auf zwei Scheiben verteilen.
5. Gurke in Scheiben schneiden und den Lachs damit belegen.
6. Dill grob hacken und darüberstreuen, mit den übrigen Brotscheiben abdecken und Sandwiches halbieren.

SHOPPING LIST SCHNELL AUFS HANDY?

PRO-TIPP

Süßer Senf ist eine bayerische Spezialität, die oft zur Weißwurst gereicht wird. Hast du keinen süßen Senf, kannst du stattdessen 3 EL Senf mit 1 TL Honig mischen.

RPG

RÄUCHERLACHS-SANDWICH

1UP

PILZPITA

PREPARATION TIME
15 MIN.

PLAYER
2

Nährwerte pro 100 g

KALORIEN	KOHLENHYDRATE	EIWEISS	FETT
166 kcal	16,7 g	4,3 g	9,8 g

ITEMS

2 Pita-Taschen

1 Becher Crème fraîche (100 g)

1 Pck. gemischte Pilze (250 g)

2 EL Rapsöl

½ TL edelsüßes Paprikapulver

2 EL Schnittlauchröllchen

1 Frühlingszwiebel

Salz

schwarzer Pfeffer
aus der Mühle

PREPARATION

1. Die Pita-Taschen aufschneiden und von innen mit der Crème fraîche bestreichen.
2. Pilze putzen und in grobe Stücke schneiden. Eine Pfanne stark erhitzen, Rapsöl hinzufügen und die Pilze darin kräftig braten.
3. Paprikapulver und Schnittlauch einrühren.
4. Frühlingszwiebel in Scheiben schneiden und unter die Pilze mischen, dann mit Salz und Pfeffer würzen.
5. Die Pilzmischung auf die Pita-Taschen verteilen.

SHOPPING LIST
SCHNELL AUFS
HANDY?

PRO-TIPP

Wasche Pilze nicht unter fließendem Wasser, da sie sich sonst mit Wasser vollsaugen. Putze sie stattdessen mit einem Pinsel oder einem nassen Tuch.

WALDPILZE

Waldpilze sind eine sehr gesunde Köstlichkeit. Sie sind reich an essenziellen Aminosäuren, die die Bausteine unserer körpereigenen Proteine sind. Pilze enthalten die Mineralstoffe Calcium und Magnesium sowie die Spurenelemente Mangan, Zink und Selen. Calcium dient dem Knochenaufbau und ist in Zähnen enthalten.

Magnesium ist ein wichtiges Mineral für den Stoffwechsel und die Funktion von Muskeln und Nervenzellen. Zink übernimmt wichtige Aufgaben bei Zellwachstum, Wundheilung und der Fortpflanzung und ist somit sehr gut für deine Defence. Allerdings kann der Körper es nicht selbst produzieren. Umso wichtiger ist es, Zink über die Nahrung aufzunehmen. Die Vitamine der B-Gruppe sind ebenfalls in Pilzen enthalten.

RUNDUM-
VERSORGER

HUNGER-
BEKÄMPFER

STRESS-
VERNICHTER

NÜSSE

Nüsse sind der perfekte Snack für zwischendurch – ob als Hungerbekämpfer, Konzentrationsbooster, Fitnessfood oder Power-Verstärker. Wenn du einen Motivationsschub brauchst, sind Nüsse ideal. In einer gemischten Tüte sind meistens Erdnüsse, Haselnüsse, Walnüsse und Cashewkerne enthalten.

Gegenüber ihren Artgenossen punkten Erdnüsse mit einem enormen Proteingehalt von 25 Prozent. Die Haselnuss trägt 78 Prozent ungesättigte Fettsäuren in sich und ist ein Herz-Kreislauf-Supporter. Als gesündeste Nuss gilt die Walnuss mit ihrem hohen Anteil an Omega-3-Fettsäuren. Cashewkerne, die übrigens Steinfrüchte und keine Nüsse sind, sind bei Sportlern wegen des hohen Anteils an Magnesium beliebt, das bei Überlastung Muskelkrämpfen vorbeugt. Auch die Mandel ist eine Steinfrucht mit vielen sehr gesunden Mineralstoffen, unter anderem Calcium, Magnesium, Kupfer und Zink.

RUNDUM-VERSORGER

MOTIVATIONS-SCHUB

BLUTDRUCK-SENKER

PREPARATION TIME
2 MIN.

PLAYER
2

Nährwerte pro 100 g

KALORIEN	KOHLENHYDRATE	EIWEISS	FETT
599 kcal	19,2 g	29,8 g	48,1 g

ITEMS

2 Pck. ungesalzene Nüsse (400 g)

PREPARATION

1. Packung aufmachen und genießen.

SHOPPING LIST SCHNELL AUFS HANDY?

PRO-TIPP

Lege die Nüsse in eine kleine Milchflasche mit großer Öffnung. So kannst du die Nüsse zwischendurch „trinken", ohne fettige Finger zu bekommen.

BIG BRAIN

BRAIN-FOOD-NÜSSE

ANTI-TILT

TOAST MIT HIMBEER-SCHOKOLADE

Easy-peasy

PREPARATION TIME
7 MIN.

PLAYER
2

Nährwerte pro 100 g

KALORIEN	KOHLENHYDRATE	EIWEISS	FETT
204 kcal	22,9 g	5,6 g	10,2 g

ITEMS

4 Scheiben Vollkorn-Toastbrot

1 Tafel weiße Schokolade (100 g)

1 Becher Frischkäse (200 g)

1 Schale Himbeeren (250 g)

PREPARATION

1. Brotscheiben im Toaster goldbraun toasten.
2. Schokolade in der Mikrowelle 20 Sekunden schmelzen lassen und mit dem Frischkäse verrühren.
3. Himbeeren abbrausen, trocken tupfen und zwei Drittel mit einer Gabel unter die Frischkäse-Schoko-Creme rühren.
4. Die Creme auf die Toastscheiben streichen und mit den restlichen Himbeeren garnieren.

SHOPPING LIST SCHNELL AUFS HANDY?

PRO-TIPP

Weiße Schokolade enthält kein Kakaopulver, sondern nur Kakaobutter, deswegen fehlt die schokobraune Färbung.

HIMBEEREN

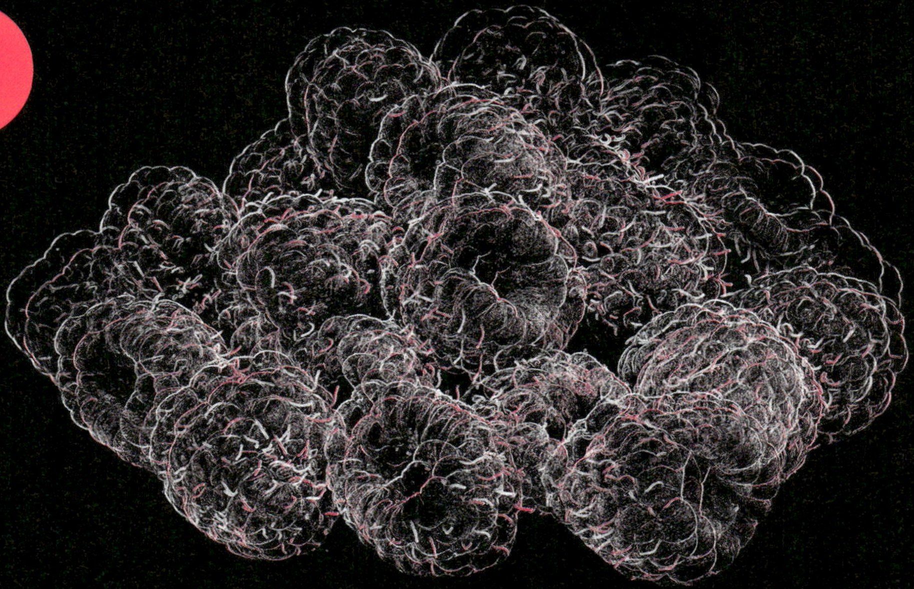

Die Sortenvielfalt bei Himbeeren ist riesig, bei uns hat sich aber vor allem die Waldhimbeere angesiedelt. Die Farbe der Himbeere kann auch mal gelb, orange oder schwarz sein. Im Vergleich mit anderen Früchten hat die Himbeere neben einem hohen Wassergehalt sehr wenig Kalorien und einen geringen Anteil an Zucker. Auf absolutem High Level sind die wasserunlöslichen Ballaststoffe – sie regen die Darmbewegung an und fördern eine gute Verdauungstätigkeit.

HUNGER-BEKÄMPFER

MOTIVATIONS-SCHUB

HÜHNEREI

Eier weisen pro Stück etwa 72 kcal, 6,3 g Proteine, 4,3 g Fett und 0,6 g Kohlenhydrate auf. Dazu kommen die Vitamine D und B_{12} sowie die Mineralstoffe Calcium, Eisen, Magnesium, Phosphor, Kalium, Zink, Jod und Selen. Das Ei hat einen hohen und sehr wertigen Proteinanteil: Es enthält alle neun essenziellen Aminosäuren, eine davon ist Leucin. Das ist eine Aminosäure, die für die Muskelproteinsynthese wichtig ist – kein Wunder, dass Kraftsportler oft Eier oder Gerichte daraus auf ihrem Speiseplan stehen haben.

LEISTUNGS-STEIGERER

RUNDUM-VERSORGER

ENTZÜNDUNGS-HEMMER

Easy-peasy

PREPARATION TIME
10 MIN.

PLAYER
2

Nährwerte pro 100 g

KALORIEN	KOHLENHYDRATE	EIWEISS	FETT
142 kcal	13,8 g	6,4 g	7,3 g

ITEMS

1 kleine Zwiebel (40 g)

½ Zucchini (120 g)

5–6 Champignons (80 g)

2 EL Olivenöl

3 Eier (Größe M)

2 Scheiben Weltmeisterbrot

PREPARATION

1. Zwiebel abziehen und in Würfel schneiden.
2. Zucchini waschen und die Enden abschneiden, die Champignons putzen, beides in Scheiben schneiden.
3. Olivenöl in einer Pfanne erhitzen, Zwiebeln, Zucchini und Pilze darin 4 Minuten braten.
4. In der Zwischenzeit die Eier aufschlagen und in die Pfanne geben, langsam rühren und stocken lassen.
5. Das Brot goldbraun toasten und mit dem Gemüse-rührei servieren.

LIVE ON TWITCH

© Marc Kirchhamm / Instagram: @emkay.raw

TWITCH.TV/FISHCØP

SHOPPING LIST SCHNELL AUFS HANDY?

PRO-TIPP

Das sind Merkmale, an denen du ein frisches Ei erkennst: Schlage das Ei auf und schau dir die Form an. Das Eiklar ist fest und bleibt in Form? Das Eigelb ist prall und rund? Perfekt!

FISHCOP'S

ZUCCHINI-PILZ-SCHNITTE

KAPITEL 2

ONE POT & OFEN

PRO

PENNE MIT AJVAR UND FETA

PREPARATION TIME
7 MIN. + 55 MIN.

PLAYER
2

Nährwerte pro 100 g

KALORIEN	KOHLENHYDRATE	EIWEISS	FETT
156 kcal	14,7 g	6,9 g	7,9 g

ITEMS

2 Gläser Penne-Nudeln (200 g)

4 EL Ajvar (180 g)

1 Pck. Feta (150 g)

Salz

schwarzer Pfeffer aus der Mühle

2 EL Oliven (grüne und schwarze gemischt)

einige frische Basilikumblätter

PREPARATION

1. Den Backofen auf 160 °C Ober-/Unterhitze vorheizen.
2. Die Nudeln in eine Auflaufform geben, 500 ml Wasser zufügen und Ajvar untermischen.
3. Den Feta in Würfel schneiden und die Hälfte davon über die Nudeln bröseln. Dann gut mit Salz und Pfeffer würzen.
4. Den Auflauf im vorgeheizten Ofen 55 Minuten auf der mittleren Schiene backen.
5. Nudeln aus dem Ofen nehmen und alles in der Auflaufform vermengen. Den restlichen Feta darüberbröseln. Mit ein paar Oliven und frischen Basilikumblättern bestreuen – fertig!

SHOPPING LIST SCHNELL AUFS HANDY?

PRO-TIPPS

1. Du hast keine Penne? Spiralnudeln tun's auch.
2. Dir fehlt mehr als die Penne? Ab in den Supermarkt!

AJVAR

Der Paprika-Aufstrich Ajvar stammt vom Balkan und gilt dort als nationale Spezialität. Ajvar ist rein pflanzlich und wird meist als Würzpaste eingesetzt. Der Aufstrich enthält viel Vitamin C und eine Menge Magnesium, Zink und Calcium.

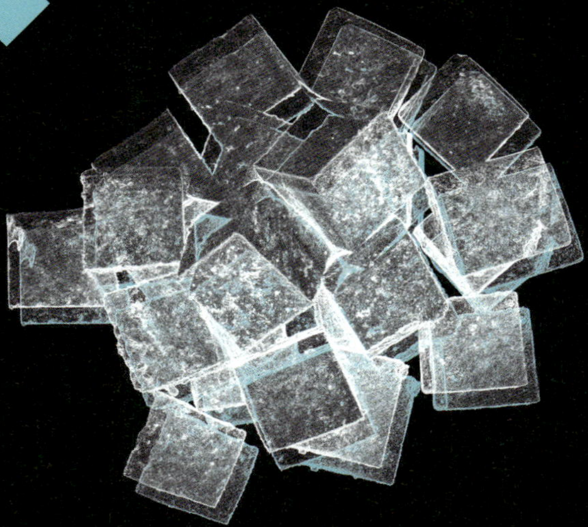

FETA

Feta ist ein geschützter Begriff, der für griechischen Salzlakekäse verwendet wird. Der herzhafte Käse wird aus Schafsmilch in Salzlake und ohne jegliche Konservierungsstoffe hergestellt; der Reifeprozess dauert mindestens 2 Monate.

Feta liefert nicht nur jede Menge Proteine (17 g auf 100 g), sondern auch viele Mineralien, Vitamine und Spurenelemente, die der Körper für Knochen und Muskeln benötigt. Damit ist das Repertoire aber noch lange nicht erschöpft: Feta stärkt die Sehkraft, wirkt sich positiv auf den Cholesterinspiegel aus und sorgt für einen Energieschub.

IMMUN-BOOSTER

FOKUS-BOOSTER

HUNGER-BEKÄMPFER

THUNFISCH

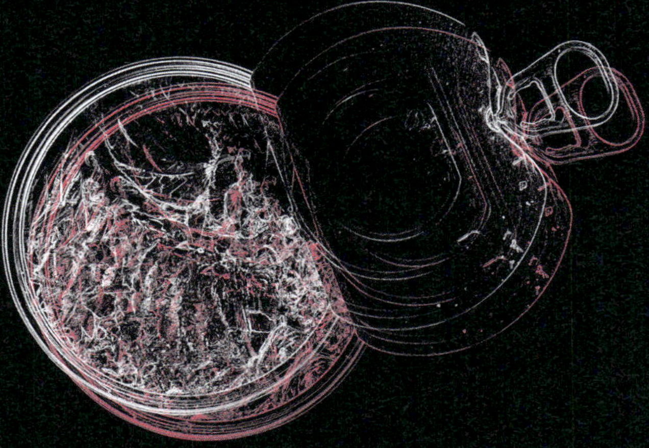

Thunfisch punktet mit viel Proteinen, hält das Herz gesund, liefert viel Eisen und gibt volle Brain-Power: Mit rund 20 g Eiweiß pro 100 g gehört er zu den Stars der Proteinlieferanten. Vitamin A, das für gute Sehkraft und gesunde Haut besondere Bedeutung hat, bringt er in großen Mengen mit. Die wichtigen Omega-3-Fettsäuren versorgen die Nervenzellen mit dem perfekten „Schmierstoff", was die Gehirnleistung verbessern kann.

ZWIEBEL

Zwiebeln haben eine antibakterielle Wirkung und enthalten viele Vitamine und Mineralstoffe, beispielsweise Vitamin C und die B-Vitamine.

Das in der Zwiebel vorkommende Mineral Kalium unterstützt die Nierenfunktion und hat Auswirkungen auf die Muskelkontraktion. Zwiebeln reduzieren das Wachstum schädlicher Bakterien.

Der Verzehr von Zwiebeln senkt das Risiko von Herz-Kreislauf-Erkrankungen und fördert die Verdauung.

RUNDUM-VERSORGER

BAKTERIEN-KILLER

ENTZÜNDUNGS-HEMMER

PREPARATION TIME
7 MIN. + 20 MIN.

PLAYER
2

Nährwerte pro 100 g

KALORIEN	KOHLENHYDRATE	EIWEISS	FETT
186 kcal	18,8 g	10,4 g	7,8 g

ITEMS

2 Dosen Thunfisch ohne Öl (280 g Abtropfgewicht)

1 Zwiebel (120 g)

2 Eier (Größe M)

2 EL saure Sahne (100 g)

Salz

schwarzer Pfeffer aus der Mühle

1 frischer Pizzateig (400 g; aus dem Kühlregal)

PREPARATION

1. Den Backofen auf 220 °C Ober-/Unterhitze vorheizen.
2. Thunfisch über einem Sieb gut ausdrücken. Zwiebel abziehen und in Würfel schneiden. Eier mit der sauren Sahne verrühren und mit Salz und Pfeffer würzen. Thunfisch und Zwiebeln untermengen.
3. Den Pizzateig zusammen mit dem Backpapier auf einem Backblech ausrollen und mit der Thunfisch-Zwiebel-Mischung bestreichen. Von einem Ende her aufrollen und im vorgeheizten Ofen 20 Minuten auf der mittleren Schiene backen. In handliche Portionen schneiden und snacken.

SHOPPING LIST SCHNELL AUFS HANDY?

PRO-TIPP

Mayonnaise oder Remoulade passt super dazu.

TEAM UP

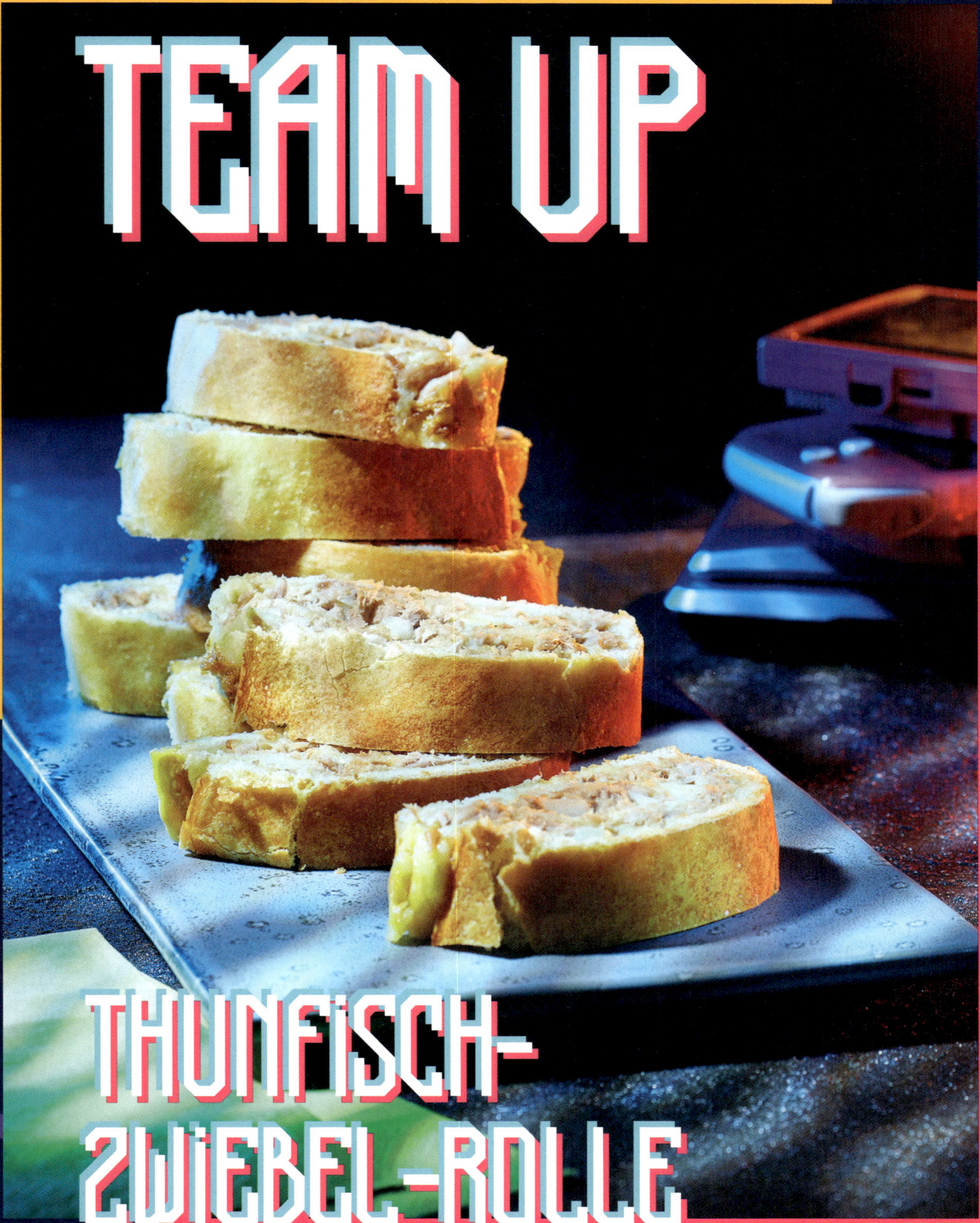

THUNFISCH-ZWIEBEL-ROLLE

MVP
PFIRSICHQUARK

One Pot & Ofen

PREPARATION TIME
5 MIN. + 50 MIN.

PLAYER
2

Nährwerte pro 100 g

KALORIEN	KOHLENHYDRATE	EIWEISS	FETT
125 kcal	22,9 g	6,6 g	0,6 g

ITEMS

etwas Butter zum Einfetten

1 Pck. Magerquark (500 g)

2 EL Vanillepuddingpulver (20 g)

6 EL Zucker (120 g)

2 EL Weichweizengrieß (20 g)

3 EL Pfirsichsaft aus der Dose

3 Pfirsiche aus der Dose

PREPARATION

1. Den Backofen auf 180 °C Ober-/Unterhitze vorheizen. Eine Auflaufform mit etwas Butter einfetten.
2. Magerquark mit Puddingpulver, Zucker und Grieß vermengen. Mit Pfirsichsaft glatt rühren.
3. Pfirsiche in 1–2 cm große Stücke schneiden und unterheben.
4. Die Quarkmasse in die Auflaufform füllen und im vorgeheizten Ofen 50 Minuten auf der mittleren Schiene backen.

SHOPPING LIST SCHNELL AUFS HANDY?

PRO-TIPP

Probiere den warmen Auflauf unbedingt mit kalter Vanillesauce – Real Buff!

QUARK

Starke Muskeln, Knochen und Zähne, figurfreundlicher Genuss ohne Reue und leicht verdaulich: Quark ist ein kulinarisches Allroundtalent mit gesundheitlichem Mehrwert.

Er enthält eine Menge gesundes Eiweiß, das zu 80 Prozent aus Milcheiweiß (Casein) und zu 20 Prozent aus Molkeprotein (Whey) besteht. Whey mit seinen Aminosäuren wiederum liefert schnellen Brennstoff für die Muskeln. Dabei gilt folgende Regel: Je magerer der Quark, desto mehr Proteine sind drin.

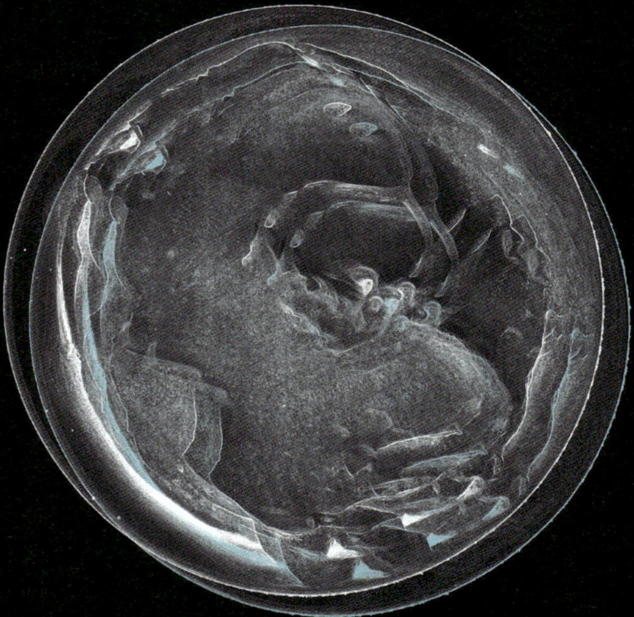

Als sehr guter Calcium- und Phosphorlieferant ist Quark ein perfekter Baustoff für Knochen und Zähne. Plus: Die cremige Konsistenz macht Quark sehr bekömmlich, ohne den Körper zu belasten.

RUNDUM-VERSORGER

LEISTUNGS-STEIGERER

REGENERATIONS-BOOSTER

SÜSSKARTOFFEL

Süßkartoffeln sind topgesundes Power-Food. 24 g komplexe Kohlenhydrate, viele Ballaststoffe und so gut wie kein Fett stecken in 100 g der orangenen Knolle – dazu nur 108 kcal.

Kaum ein Gemüse enthält so viel Beta-Carotin: Nur 100 g decken bereits den täglichen Bedarf. Kombinierst du Süßkartoffeln mit einer kleinen Portion hochwertiger Fette, wird dessen Aufnahme im Körper deutlich verbessert.

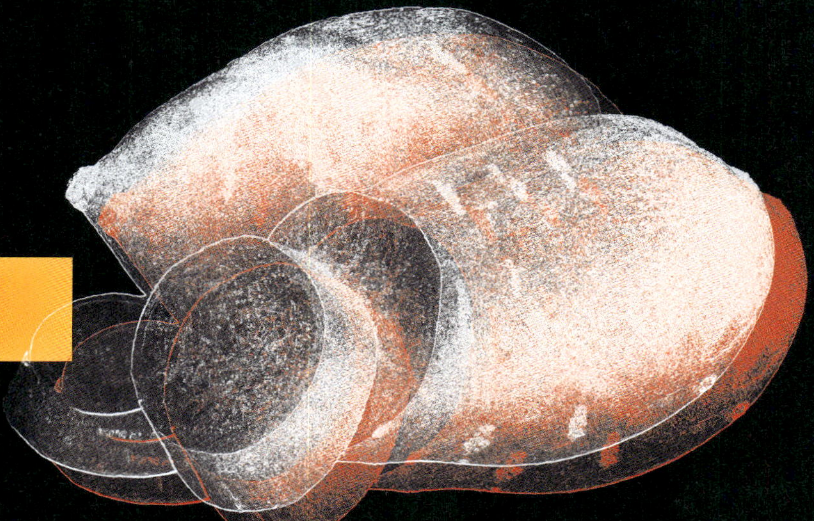

Das reichlich vorhandene Kalium regelt den Flüssigkeitshaushalt und kann überhöhten Blutdruck senken. Für die Aufnahme von Kalium benötigt unser Körper den Mineralstoff Magnesium, mit dem die Süßkartoffel ebenfalls in ausreichender Menge punktet. Perfect Match!

BLUTDRUCK-SENKER

ENTZÜNDUNGS-HEMMER

One Pot & Ofen

PREPARATION TIME
10 MIN. + 40 MIN.

PLAYER
2

Nährwerte pro 100 g

KALORIEN	KOHLENHYDRATE	EIWEISS	FETT
196 kcal	23,7 g	2,4 g	10,8 g

ITEMS

4 Süßkartoffeln (1 kg)

4 EL Walnusskerne (28 g)

1 Bund frische Petersilie

Abrieb von ½ Zitrone

4 EL Olivenöl

Salz

schwarzer Pfeffer aus der Mühle

2 EL salzige Butter (40 g)

SHOPPING LIST SCHNELL AUFS HANDY?

PREPARATION

1. Den Backofen auf 180 °C Ober-/Unterhitze vorheizen.
2. Die Süßkartoffeln schälen und in 1–2 cm große Stücke schneiden. Dann auf einem mit Backpapier ausgelegten Backblech verteilen und im vorgeheizten Ofen 40 Minuten auf der mittleren Schiene backen.
3. In der Zwischenzeit die Walnüsse fein hacken. Petersilie abbrausen, trocken schütteln und fein hacken. Walnüsse und Petersilie miteinander vermischen. Zitronenabrieb und Olivenöl hinzufügen und vermengen. Mit Salz und Pfeffer würzen.
4. Die warmen Kartoffeln mit dem Walnusspesto beträufeln und mit einer Flocke salziger Butter servieren.

PRO-TIPP

Das Pesto kannst du auch mit Haselnüssen oder Erdnüssen zubereiten.

UNSTOPPABLE

SÜSSKARTOFFEL MIT SALZIGER BUTTER

KO

KICHERERBSENPFANNE MIT TOMATENSAUCE UND EI

PREPARATION TIME
10 MIN. + 20 MIN.

PLAYER
2

Nährwerte pro 100 g

KALORIEN	KOHLENHYDRATE	EIWEISS	FETT
151 kcal	17,3 g	6,0 g	7,2 g

ITEMS

1 Dose Kichererbsen (400 g)

1 Glas Tomatensauce (350 ml)

Zucker

Salz

schwarzer Pfeffer aus der Mühle

2 EL Pankobrösel (40 g)

4 Scheiben Frühstücksspeck (60 g)

2 Eier (Größe M)

2 EL frisch gehackte Petersilie

PREPARATION

1. Den Backofen auf 180 °C Ober-/Unterhitze vorheizen.
2. Kichererbsen in ein Sieb abgießen, abbrausen und abtropfen lassen. Dann in einer ofenfesten Pfanne mit der Tomatensauce aufkochen, mit einer Prise Zucker, Salz und Pfeffer würzen.
3. Pankobrösel darüberstreuen, Speckscheiben darauf verteilen und Eier als Spiegeleier auf die Kichererbsen setzen. Die Kichererbsenpfanne im vorgeheizten Ofen 20 Minuten auf der mittleren Schiene backen. Aus dem Ofen nehmen, mit Petersilie bestreuen und essen.

SHOPPING LIST SCHNELL AUFS HANDY?

PRO-TIPP

Panko ist ein japanisches Paniermehl, das gröber und flockiger als klassisches Paniermehl ist. Für dieses Rezept kannst du beides verwenden.

KICHERERBSEN

Kichererbsen sind perfekte Ballaststoff- und Eiweißlieferanten. Sie sind kalorienarm und sättigen lange. Die löslichen Ballaststoffe bringen die Verdauung in Schwung und sorgen für einen ausgeglichenen Cholesterinspiegel.

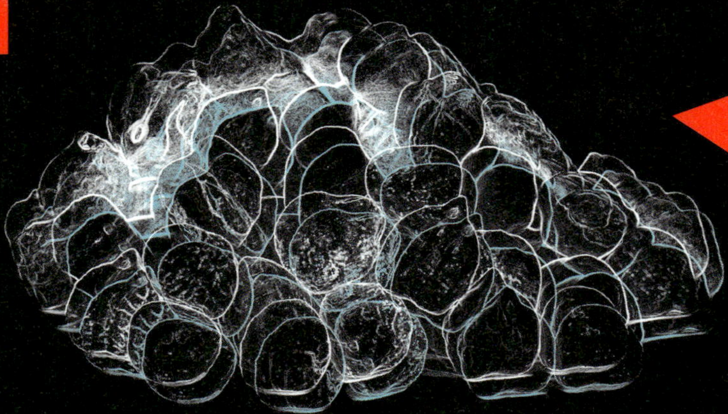

Das hochwertige Eiweiß der Kichererbsen macht sie besonders bei Vegetariern und Veganern beliebt. In der Küche sind die Hülsenfrüchte vielfältig einsetzbar – ob für Salate, Suppen oder Hauptgerichte, sie schmecken kalt und warm.

HUNGER-BEKÄMPFER

VERDAUUNGS-HELFER

REGENERATIONS-BOOSTER

HÜHNEREI

Ganz oben auf dem Speiseplan stehen Eier als wertvolle Energielieferanten, die den Körper optimal versorgen. Das Protein vom Ei ist sehr hochwertig in der Zusammensetzung, nur die Muttermilch hat bessere Eigenschaften. Die Bausteine der Proteine, die Aminosäuren, sind essenziell. Das bedeutet, dass unser Körper sie nicht selbst herstellen kann. Im Ei sind alle neun essenziellen Aminosäuren enthalten.

Neben Eiweiß steckt es voller Vitamine wie Vitamin D, Vitamin B_{12}, Vitamin K und Biotin sowie Mineralstoffe, besonders Selen, Kalium, Calcium und Eisen. Gleichzeitig enthält ein Ei einen hohen Anteil an ungesättigten Fettsäuren.

LEISTUNGS-
STEIGERER

RUNDUM-
VERSORGER

ENTZÜNDUNGS-
HEMMER

PREPARATION TIME
12 MIN.

PLAYER
2

Nährwerte pro 100 g

KALORIEN	KOHLENHYDRATE	EIWEISS	FETT
152 kcal	1,8 g	9,8 g	11,9 g

ITEMS

½ Pck. TK-Spinat (200 g)

6 Eier (Größe M)

2 TL Olivenöl

1 Kugel Büffelmozzarella (125 g)

Salz

schwarzer Pfeffer aus der Mühle

SHOPPING LIST SCHNELL AUFS HANDY?

PREPARATION

1. Den Spinat auftauen lassen.
2. Den aufgetauten Spinat ausdrücken. Die Eier in einer Schüssel verquirlen. In einer großen beschichteten Pfanne (Ø 28 cm) das Olivenöl bei mittlerer Temperatur erhitzen, die Ei-Masse hineingeben und 1 Minute stocken lassen.
3. Spinat auf dem Omelett verteilen. Mozzarella in grobe Stücke zupfen und ebenfalls auf dem Omelett verteilen. Das Omelett 3–4 Minuten in der Pfanne fest werden lassen, dann salzen und pfeffern und servieren.

PRO-TIPP

In einer kleinen Frühstückspfanne kannst du aus der Ei-Masse zwei Omeletts braten, wenn du keine große beschichtete Pfanne hast.

OP

SPINAT-OMELETT

NG+

NUDELN MIT PILZEN UND WALNÜSSEN

PREPARATION TIME
25 MIN.

PLAYER
2

Nährwerte pro 100 g

KALORIEN	KOHLENHYDRATE	EIWEISS	FETT
145 kcal	14,8 g	4,3 g	8,6 g

ITEMS

1 Schale gemischte Waldpilze (250 g)

1 Zwiebel (100 g)

1 EL Olivenöl

1 Glas Vollkornpenne (250 g)

Salz

½ Becher Sahne (75 g)

1 EL Walnusskerne (7 g)

schwarzer Pfeffer aus der Mühle

PREPARATION

1. Die Pilze putzen und in grobe Stücke schneiden. Die Zwiebel abziehen und in Würfel schneiden.
2. Olivenöl in einem Topf erhitzen, Pilze und Zwiebeln darin 3 Minuten anschwitzen.
3. Pasta zufügen und vermengen, mit 400 ml Wasser auffüllen. Mit Salz würzen und 15 Minuten kochen. Sahne zufügen und weitere 5 Minuten kochen.
4. Nudeln auf zwei tiefe Teller verteilen, Walnüsse mit einer feinen Reibe über die Nudeln reiben und mit Pfeffer würzen.

SHOPPING LIST SCHNELL AUFS HANDY?

PRO-TIPP

Vollkornnudeln haben etwa die doppelte Kochzeit wie klassische helle Nudeln aus Hartweizengrieß.

VOLLKORN-NUDELN

Nudeln aus Vollkornmehl gelten als besonders gesund, denn im Vergleich zu heller Pasta haben sie erhebliche Vorteile. Beim Vollkornmehl wird das Korn mit der Schale zu Mehl verarbeitet, deshalb beinhaltet es mehr Ballaststoffe, Vitamine, Öle und Mineralstoffe. Vor allem Eisen, Magnesium, Zink und die Gruppe der B-Vitamine sind enthalten.

Vollkornnudeln sättigen stärker und beugen somit Heißhungerattacken vor. Der glykämische Index ist bei Vollkornnudeln niedrig, das heißt, der Blutzucker steigt beim Verzehr langsam an und Insulin wird nur langsam ausgeschüttet.

HUNGER-BEKÄMPFER | **BLUTDRUCK-SENKER** | **ENTZÜNDUNGS-HEMMER**

KICHERERBSEN

Kichererbsen sind keine gewöhnlichen Erbsen und haben mit den grünen unreifen Erbsen, die wir hierzulande kennen, nichts gemeinsam. Ursprünglich stammen sie aus Asien und werden weltweit wegen der hervorragenden Nährstoffkombination und des günstigen Einkaufspreises geschätzt.

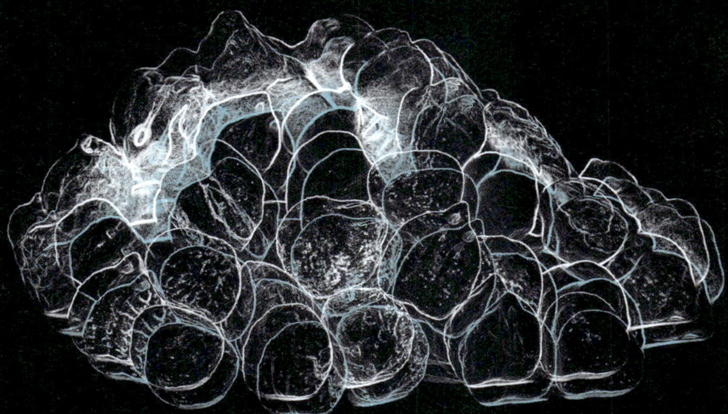

Sie fördern die Verdauung, denn zwei Drittel der enthaltenen Ballaststoffe sind unlöslich und werden bis zum Dickdarm transportiert. In dieser Zeit fördern sie die Darmbewegung, säubern den Darm und werden schließlich als kurzkettige Fettsäuren von der Dickdarmwand als Energiequelle genutzt. Viele sekundäre Pflanzenstoffe der Kichererbsen sind antioxidativ und schützen vor freien Radikalen.

HUNGER-BEKÄMPFER

VERDAUUNGS-HELFER

REGENERATIONS-BOOSTER

PREPARATION TIME
15 MIN.

PLAYER
2

Nährwerte pro 100 g

KALORIEN	KOHLENHYDRATE	EIWEISS	FETT
113 kcal	8,8 g	4,9 g	7,0 g

ITEMS

½ Pck. Sucuk-Wurst (125 g)

1 rote Zwiebel (80 g)

1 TL Rapsöl

1 Dose Kichererbsen (265 g Abtropfgewicht)

4 Gläser Gemüsebrühe (500 ml)

Salz

schwarzer Pfeffer aus der Mühle

2 EL frisch gehackte Kräuter

PREPARATION

1. Wurst von der Pelle lösen und in Scheiben schneiden. Zwiebel abziehen und in Streifen schneiden.
2. Rapsöl in einem Topf erhitzen. Wurstscheiben und Zwiebeln darin 3 Minuten anschwitzen.
3. Kichererbsen in ein Sieb abgießen, abbrausen, abtropfen lassen und zufügen. Gemüsebrühe dazugeben und 5 Minuten kochen. Mit Salz und Pfeffer würzen.
4. Auf zwei Schüsseln verteilen und mit Kräutern bestreut genießen.

SHOPPING LIST SCHNELL AUFS HANDY?

PRO-TIPP

Sucuk ist eine Rinderwurst, die in der Türkei sehr beliebt ist. Du kannst die Suppe aber genauso gut mit Mettwürstchen zubereiten.

CARRY

KiCHERERBSENSUPPE

FLOCKE'S

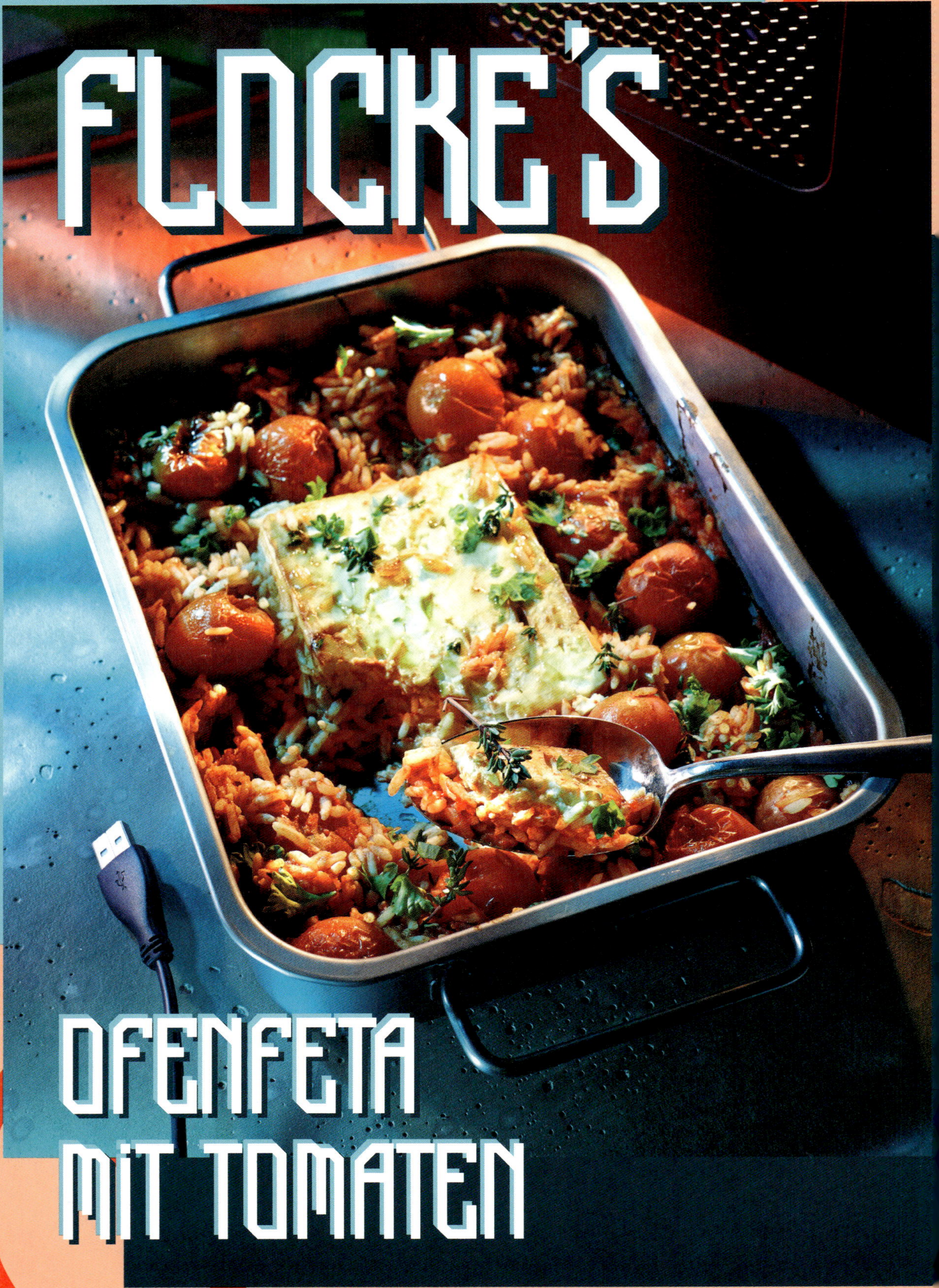

OFENFETA MIT TOMATEN

PREPARATION TIME
5 MIN. + 50 MIN.

PLAYER
2

Nährwerte pro 100 g

KALORIEN	KOHLENHYDRATE	EIWEISS	FETT
129 kcal	16,4 g	5,3 g	4,8 g

ITEMS

- 1 Glas Parboiled Reis (150 g)
- ½ Dose passierte Tomaten (200 g)
- 1 Pck. Feta (200 g)
- 1 Pck. Kirschtomaten (500 g)
- ½ TL getrocknete mediterrane Kräuter (z. B. Thymian, Oregano)
- Salz
- schwarzer Pfeffer aus der Mühle

PREPARATION

1. Den Backofen auf 195 °C Ober-/Unterhitze vorheizen.
2. Reis in eine Auflaufform geben. Passierte Tomaten gleichmäßig über dem Reis verteilen. Fetakäse im Ganzen in der Mitte platzieren.
3. Kirschtomaten waschen, trocken tupfen und mit in die Auflaufform geben. Mediterrane Kräuter hinzugeben und mit 400 ml Wasser übergießen. Mit Salz und Pfeffer würzen.
4. Im vorgeheizten Ofen auf der mittleren Schiene 40–50 Minuten backen. Je nachdem, welchen Reis man nimmt, kann die Backzeit höher oder niedriger sein – einfach zwischendurch testen, ob der Reis durch ist.
5. Aus dem Ofen nehmen, auf zwei Teller verteilen und genießen.

LIVE ON TWITCH

© Flocke

TWITCH.TV/FLOCKE

SHOPPING LIST SCHNELL AUFS HANDY?

PRO-TIPPS

1. Benutzt du einen Ofen mit Umluftfunktion, kannst du die Grad-Angaben um etwa 15 °C reduzieren.
2. Wir essen meistens noch Baguette dazu – damit kann man auch den Teller so schön sauber machen.

PARBOILED REIS

Reis ist nicht gleich Reis: Die unterschiedlichen Sorten haben verschiedene Garzeiten und Nährstoffgehalte. Die meisten Nährstoffe befinden sich in der Schale, die nur beim Vollkornreis im Ganzen vorhanden ist. Alle anderen Reissorten sind meist geschält, was die Kochzeit um ein Vielfaches verkürzt. Parboiled Reis ist eine gute Alternative. Der ungeschälte Reis wird mit einem Dampfdruckverfahren behandelt, bei dem Vitamine und Mineralstoffe in das Innere des Korns gepresst werden. Der Nährstoffgehalt ist also viel größer als bei konventionell geschälten Sorten. Schöne Nebeneffekte des Verfahrens sind der kräftige Geschmack, den der Reis bekommt, und die sehr lockere Körnung nach dem Kochen.

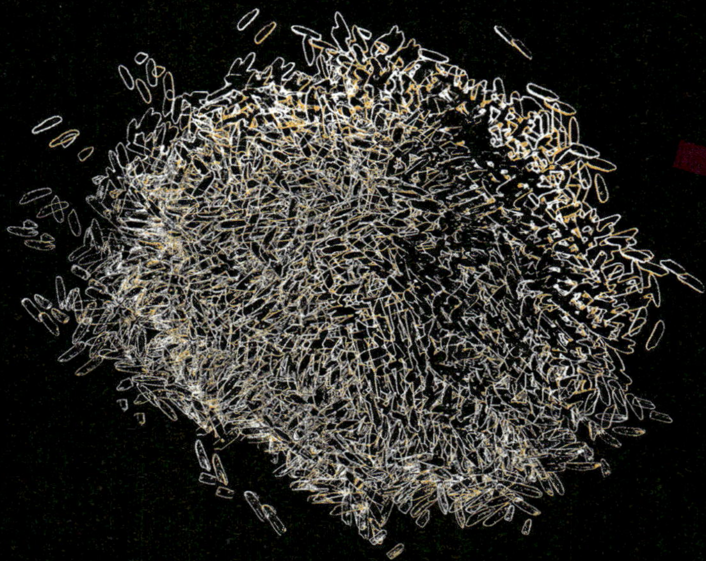

HUNGER-BEKÄMPFER

VERDAUUNGS-HELFER

BLUTDRUCK-SENKER

HAFERFLOCKEN

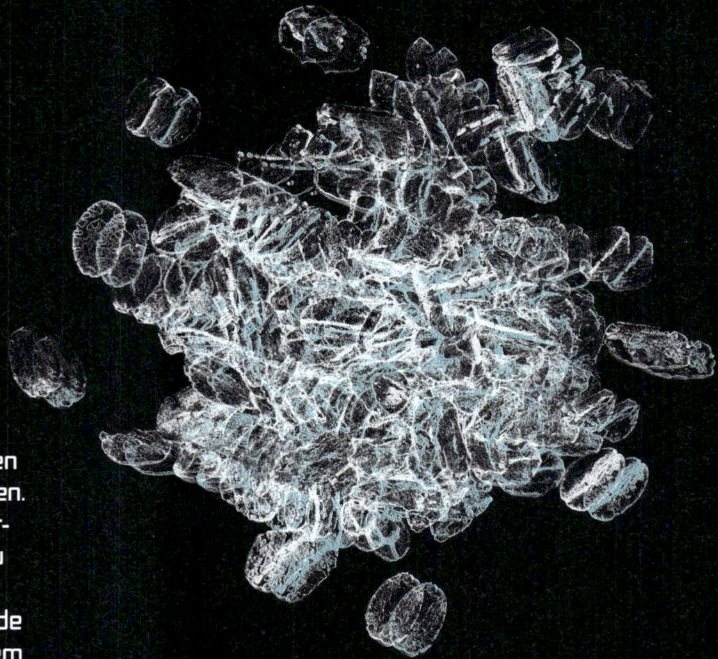

Was darf nicht fehlen, um energiegeladen in den Tag zu starten? Richtig: Haferflocken. Denn die liefern ordentlich Power und verdienen die Bezeichnung „Superfood" zu Recht. Die kleinen Getreideflocken sind ballaststoffreich, fördern so eine gesunde Darmbewegung und sättigen lange. Zudem enthalten sie Antioxidantien, die positiv auf Cholesterinspiegel, Immunsystem und Verdauung wirken. Die Kohlenhydrate, die Haferflocken liefern, sind komplex – sie sorgen dafür, dass der Blutzuckerspiegel sehr gleichmäßig ansteigt. Damit bereiten dir Heißhungerattacken keine Probleme mehr.

HUNGER-BEKÄMPFER

FOKUS-BOOSTER

RUNDUM-VERSORGER

PREPARATION TIME
15 MIN.

PLAYER
2

Nährwerte pro 100 g

KALORIEN	KOHLENHYDRATE	EIWEISS	FETT
183 kcal	17,0 g	4,2 g	11,1 g

ITEMS

1 große reife Banane (160 g)

1 Tasse Haferflocken (70 g)

1 Ei (Größe M)

1 Tasse Milch (180 ml)

½ TL Backpulver

2 EL Rapsöl

Puderzucker

PREPARATION

1. Banane mit einer Gabel zerkleinern, Haferflocken, Ei, Milch und Backpulver zufügen und verrühren. 10 Minuten ruhen lassen.
2. In einer beschichteten Pfanne das Rapsöl erhitzen und darin aus dem Teig bei mittlerer Temperatur kleine Pancakes ausbacken.
3. Mit Puderzucker bestreut servieren.

SHOPPING LIST SCHNELL AUFS HANDY?

LIVE ON TWITCH

© Moin Sunny

TWITCH.TV/MOINSUNNY

PRO-TIPP

Heize die Pfanne 1 Minute auf dem Herd vor. Die Pancakes behalten so beim Ausbacken besser ihre Form.

MOIN SUNNY'S

BANANEN-HAFERFLOCKEN-PANCAKES

ALEXA'S

WOK-NUDELN MIT GEMÜSE

One Pot & Ofen

PREPARATION TIME
20 MIN.

PLAYER
2

Nährwerte pro 100 g

KALORIEN	KOHLENHYDRATE	EIWEISS	FETT
115 kcal	12,9 g	2,3 g	6,5 g

ITEMS

½ Pck. Mie-Nudeln (125 g)

Salz

2 EL Sesamöl

½ Bund Frühlingszwiebeln

1 EL Rapsöl

½ Beutel TK-Gemüsemischung (250 g)

2 EL Currypulver

1 Tasse Gemüsebrühe (150 ml)

1 TL Honig (10 g)

3 EL Sojasauce

Chiliflocken

schwarzer Pfeffer aus der Mühle

SHOPPING LIST SCHNELL AUFS HANDY?

PREPARATION

1. Mie-Nudeln in kochendem Salzwasser 5 Minuten bissfest kochen. Abgießen und die Nudeln mit dem Sesamöl vermengen.
2. Die Frühlingszwiebeln putzen, waschen und in Ringe schneiden. In einer Pfanne das Rapsöl erhitzen und die TK-Gemüsemischung darin 3 Minuten anschwitzen. Frühlingszwiebeln zufügen. Mit Currypulver bestäuben, Gemüsebrühe, Honig und Sojasauce einrühren und alles 4 Minuten köcheln lassen.
3. Nudeln unter das Gemüse mischen und 2 Minuten mitkochen. Zum Schluss mit Chiliflocken, Salz und Pfeffer abschmecken und servieren.

LIVE ON TWITCH

© Hallo Alexa

TWITCH.TV/
HALLO_ALEXA_

PRO-TIPP

Hier ist beim Tiefkühlgemüse kein Auftauen nötig. Verwende es direkt aus dem Beutel und lege den Rest wieder in den Tiefkühler, bis du das Gemüse brauchst.

TIEFKÜHL-GEMÜSE

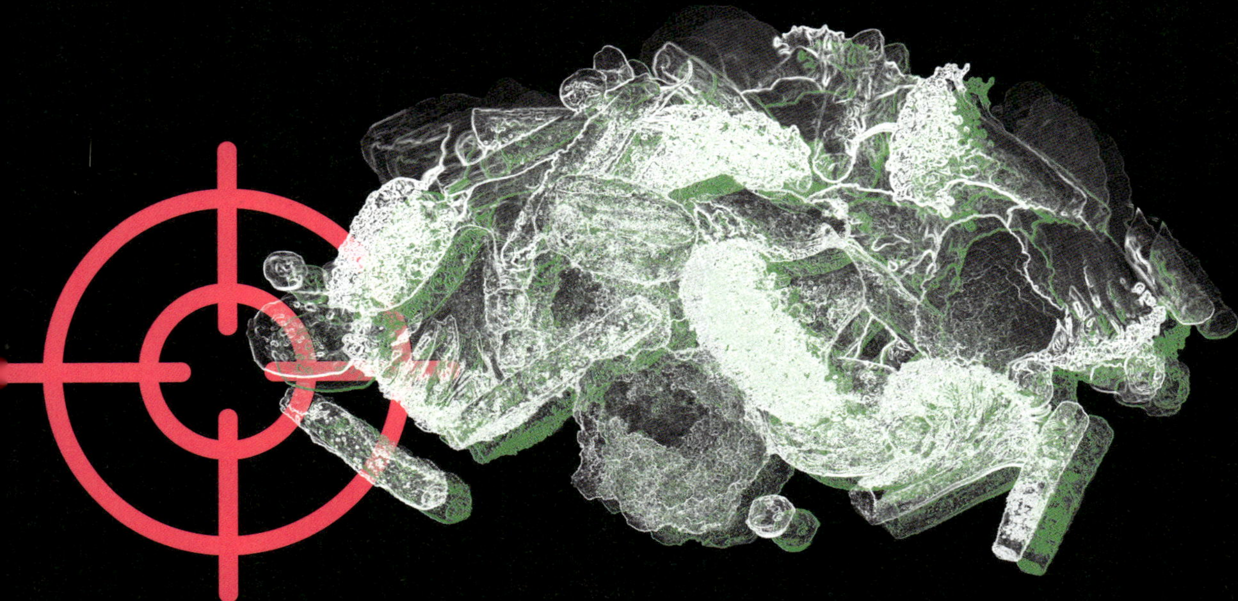

Zu Unrecht hat Tiefkühlgemüse einen schlechten Ruf, denn die Vorteile überwiegen bei Weitem: Das Gemüse wird erntefrisch verarbeitet, ist bereits gewaschen und geputzt, was Zeit beim Kochen spart. Die Verarbeitung ist portionsweise möglich, der Rest wird einfach wieder eingefroren.

Auch in Sachen Nährstoffgehalt überzeugt Tiefkühlgemüse, denn der ist nämlich mindestens genauso hoch, meistens sogar noch höher als bei frischem Gemüse – eben weil es nach dem Ernten schnell verarbeitet und dann schockgefrostet wird. Lange Lagerzeiten und Überlagerung sind so nicht möglich und alle Nährstoffe bleiben geschützt.

HUNGER-BEKÄMPFER

FOKUS-BOOSTER

SPITZKOHL

Gegenüber anderen Kohlsorten ist Spitzkohl für viele Menschen besser verträglich, denn die Blätter sind zarter und bekömmlicher. Er hat einen süßlichen, buttrigen Geschmack und ist fast ganzjährig bei uns erhältlich – im Frühjahr ist er etwas milder im Geschmack als im Winter.

Viele Vitamine und Mineralstoffe stecken im Spitzkohl. Mit einer Portion deckst du beispielsweise deinen Tagesbedarf an Vitamin C und pushst dein Immunsystem.

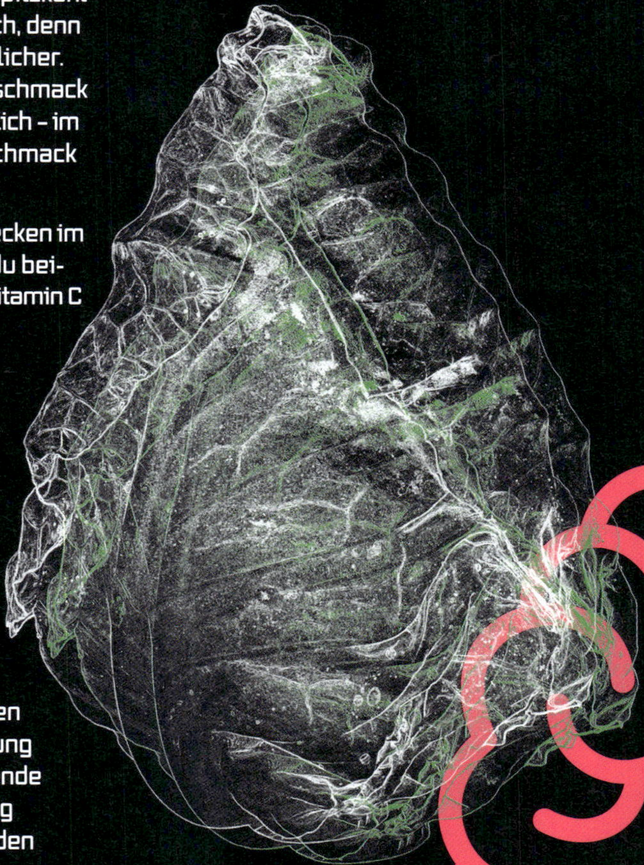

Die Ballaststoffe in Spitzkohl bringen den Darm auf sanfte Weise in Schwung und sorgen für eine gut funktionierende Verdauung. Und eine geballte Ladung sekundärer Pflanzenstoffe schützt den Körper vor freien Radikalen.

VERDAUUNGS-HELFER

BAKTERIEN-KILLER

STRESS-VERNICHTER

PREPARATION TIME
5 MIN. + 30 MIN.

PLAYER
2

Nährwerte pro 100 g

KALORIEN	KOHLENHYDRATE	EIWEISS	FETT
61 kcal	5,0 g	2,0 g	4,0 g

ITEMS

1 Spitzkohl (1,2 kg)

4 TL Olivenöl

frisch geriebene Muskatnuss

gemahlener Kreuzkümmel

Salz

Saft von ½ Zitrone

schwarzer Pfeffer aus der Mühle

PREPARATION

1. Den Backofen auf 200 °C Ober-/Unterhitze vorheizen.
2. Vom Spitzkohl die äußeren Blätter entfernen und den Kopf in vier Teile schneiden. Die Viertel auf ein mit Backpapier ausgelegtes Backblech legen und auf jedes Viertel 1 TL Olivenöl träufeln.
3. Mit frisch geriebener Muskatnuss, Kreuzkümmel und Salz würzen. Im vorgeheizten Ofen auf der mittleren Schiene 25–30 Minuten goldbraun backen.
4. Spitzkohl aus dem Ofen nehmen, mit ein paar Spritzern Zitronensaft beträufeln, mit Pfeffer würzen und servieren.

ZU FINDEN AUF

© Tom Achsel

GAMES-ACADEMY.DE

SHOPPING LIST SCHNELL AUFS HANDY?

PRO-TIPP

Teile den Spitzkohl der Länge nach. Der Strunk muss nicht herausgeschnitten werden, er hält die Viertel beim Backen besser in Form.

TOM'S SPITZKOHL

FEEDELINE'S

BLÄTTERTEIG-SCHNECKEN MIT FRISCHKÄSE UND SPECK

PREPARATION TIME
7 MIN. + 20 MIN.

PLAYER
2

Nährwerte pro 100 g

KALORIEN	KOHLENHYDRATE	EIWEISS	FETT
150 kcal	16,6 g	5,9 g	26,5 g

ITEMS

1 Rolle Blätterteig (aus dem Kühlregal)

1 Pck. Kräuterfrischkäse (200 g)

1 Pck. Schinkenwürfel (50 g)

SHOPPING LIST SCHNELL AUFS HANDY?

PREPARATION

1. Den Backofen auf 200 °C Ober-/Unterhitze vorheizen.
2. Den Blätterteig ausrollen und mit dem Frischkäse bestreichen, die Schinkenwürfel darüberstreuen. Den Teig aufrollen und mit einem scharfen Messer in 1–2 cm dicke Scheiben schneiden.
3. Die Scheiben auf ein mit Backpapier ausgelegtes Backblech legen und im vorgeheizten Ofen etwa 20 Minuten backen.

LIVE ON TWITCH

© Feedeline

TWITCH.TV/
FEEDELINE

PRO-TIPP

Für eine vegetarische Variante ersetze den Schinken einfach durch Paprikawürfel. Wenn du es etwas ausgefallener magst, kannst du statt Schinken auch Räucherlachs verwenden.

BLÄTTERTEIG

Blätterteig ist zwar luftig, aber keineswegs leicht, zumindest was die Kalorien betrifft. Das ist kein Wunder, denn er besteht nun mal aus Mehl und Butter. Letztere sorgt zumindest für gute Proteinwerte. Deshalb gilt die Regel, Blätterteig in Maßen zu genießen.

HUNGER-BEKÄMPFER

HOKKAIDO-KÜRBIS

Der kleine orangefarbene Hokkaido enthält im Gegensatz zu den meisten anderen Kürbissorten relativ wenig Wasser – dafür umso mehr gesunde Nährstoffe. In 100 g Fruchtfleisch stecken ganze 30 mg Vitamin C.

Seine leuchtende Farbe verdankt der Hokkaido dem Beta-Carotin, das vor allem in der essbaren Schale steckt. Beta-Carotin enthält entzündungshemmende Antioxidantien und sorgt für einen natürlichen Zellschutz. Zudem kann unser Körper Beta-Carotin in das wichtige Vitamin A umwandeln, das gut für Augen, Haut und Haare ist.

Kalium als Mineralstoff senkt den Blutdruck und fördert die Herzfunktion. Und als gute Ballaststoffquelle macht der Hokkaido auch noch lange satt.

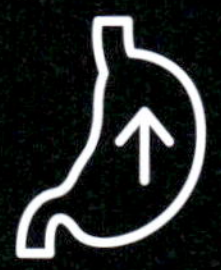

HUNGER-BEKÄMPFER

FOKUS-BOOSTER

BLUTDRUCK-SENKER

PREPARATION TIME
5 MIN. + 40 MIN.

PLAYER
2

Nährwerte pro 100 g

KALORIEN	KOHLENHYDRATE	EIWEISS	FETT
105 kcal	6,0 g	2,4 g	3,4 g

ITEMS

1 Hokkaido-Kürbis (1,2 kg)

Salz

schwarzer Pfeffer aus der Mühle

2 EL Olivenöl

1 Becher Joghurt Natur (500 g)

2 EL Honig (40 g)

2 TL Kürbiskerne

PREPARATION

1. Den Backofen auf 180 °C Ober-/Unterhitze vorheizen.
2. Kürbis waschen, halbieren und die Kerne mit einem Löffel herauslösen. Die Hälften in Spalten schneiden und mit Salz und Pfeffer würzen. Dann mit Olivenöl beträufeln und im Backofen 40 Minuten backen.
3. Den Joghurt auf zwei Teller verteilen. Die warmen Kürbisspalten daraufsetzen, mit Honig beträufeln, Kürbiskerne darüberstreuen und servieren.

SHOPPING LIST SCHNELL AUFS HANDY?

PRO-TIPP

Hokkaido-Kürbis kann ungeschält gegessen werden, das spart Zeit bei der Zubereitung.

HIGHSCORE

HOKKAIDO MIT HONIG

KAPITEL 3

DRESSINGS

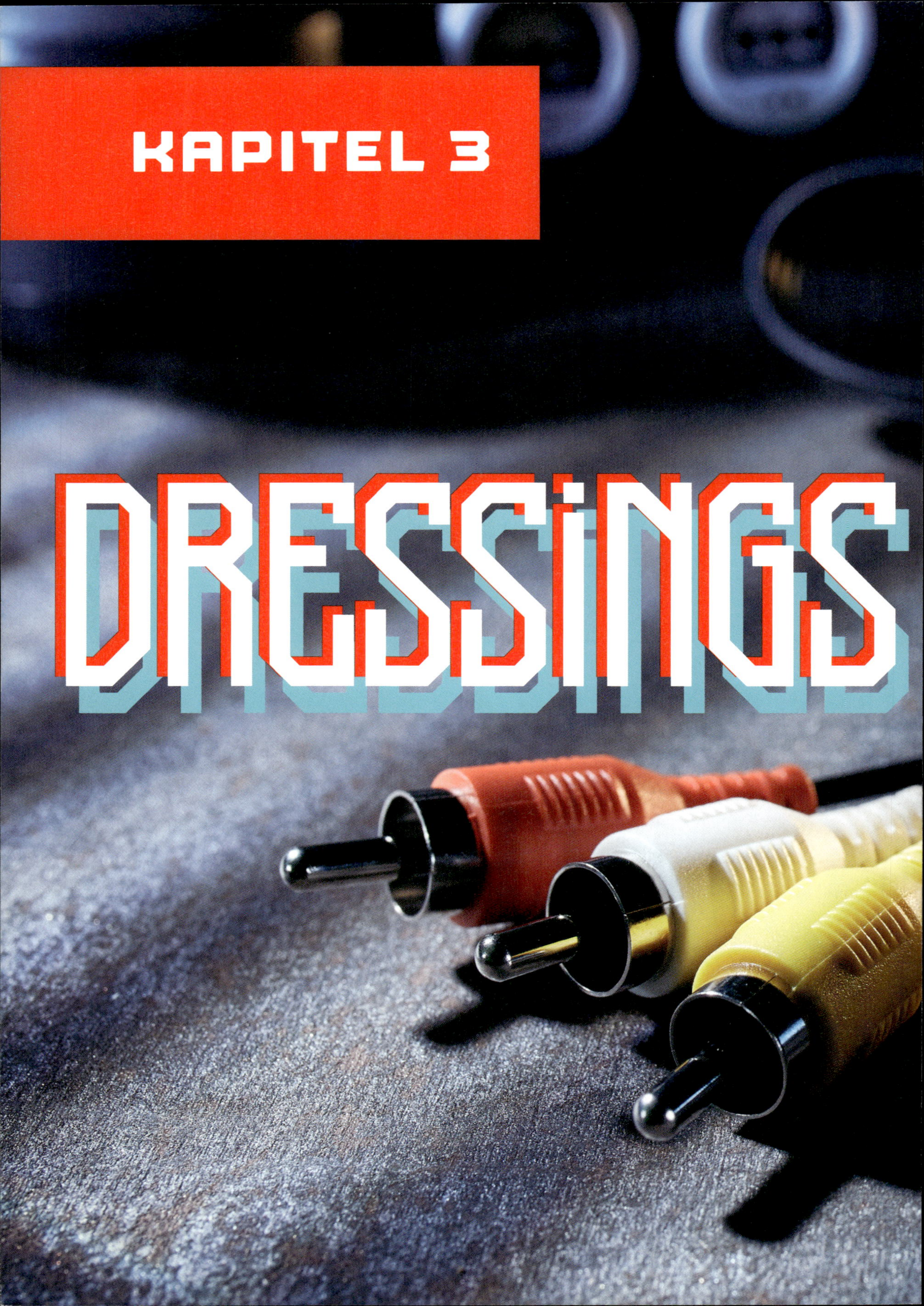

PREPARATION TIME
5 MIN.

PLAYER
2

Nährwerte pro 100 g

KALORIEN	KOHLENHYDRATE	EIWEISS	FETT
400 kcal	2,8 g	2,2 g	42,7 g

ITEMS

3 EL Senf (45 g)

2 EL süßer Senf (30 g)

2 EL Apfelessig (30 ml)

10 EL Rapsöl (150 ml)

4 EL Milch (50 ml)

½ Becher saure Sahne (100 g)

Salz

schwarzer Pfeffer aus der Mühle

PREPARATION

1. Beide Senfsorten gründlich mit dem Apfelessig verrühren.
2. Rapsöl in dünnem Strahl einlaufen lassen. Dabei mit dem Schneebesen kräftig rühren, bis ein cremiges Dressing entsteht.
3. Milch und Sahne adden, alles glatt rühren und mit Salz und Pfeffer würzen.

SHOPPING LIST SCHNELL AUFS HANDY?

PRO-TIPP

Ich gönne mir immer mittelscharfen Senf und bayerischen körnigen süßen Senf. Wenn du keinen süßen Senf hast, kannst du die Menge durch normalen Senf ersetzen und nach Geschmack mit Honig, Zucker oder Apfelmus süßen.

1 US 1

SENFDRESSING

EPIC

ERDNUSSDRESSING

PREPARATION TIME
5 MIN.

PLAYER
2

Nährwerte pro 100 g

KALORIEN	KOHLENHYDRATE	EIWEISS	FETT
244 kcal	13,0 g	10,9 g	16,8 g

ITEMS

4 EL Erdnussbutter (100 g)

4 EL Sojasauce (50 ml)

Saft von 1 Zitrone

4 EL Milch (50 ml)

PREPARATION

1. Erdnussbutter, Sojasauce, Zitronensaft, Milch und 100 ml Wasser verrühren, bis ein glattes Dressing entsteht. Easy S#!T!

SHOPPING LIST SCHNELL AUFS HANDY?

PRO-TIPP

Das Erdnussdressing kannst du nach Belieben modden. Füge einfach mal gehackte Erdnüsse oder gehackte Kräuter hinzu.

PREPARATION TIME
5 MIN.

PLAYER
2

Nährwerte pro 100 g

KALORIEN	KOHLENHYDRATE	EIWEISS	FETT
266 kcal	10,6 g	2,4 g	24,3 g

ITEMS

6 EL TK-Erbsen (130 g)

2 Stängel frische Minze

1 TL Zucker (5 g)

3 EL Apfelessig (50 ml)

4 EL Rapsöl (60 ml)

Salz

schwarzer Pfeffer
aus der Mühle

PREPARATION

1. Erbsen auftauen. Minze abbrausen, trocken schütteln und Blättchen abzupfen.
2. Aufgetaute Erbsen, Minze, Zucker, Apfelessig und 100 ml Wasser in einen Mixbecher geben und mit dem Pürierstab 2 Minuten auf maximalem Level mixen (alternativ kann ein Standmixer verwendet werden).
3. Das Rapsöl in dünnem Strahl zufügen und dabei kräftig rühren. Zum Schluss mit Salz und Pfeffer würzen.

SHOPPING LIST SCHNELL AUFS HANDY?

PRO-TIPP

Je nachdem, wie viel Power dein Standmixer oder Pürierstab hat, kann es sein, dass die Erbsenschalen nicht ganz zerkleinert werden. Im Worst Case kannst du das Dressing durch ein feines Sieb streichen und die Erbsenreste mit einem Löffel im Sieb ausdrücken.

DOMiNATiON

ERBSEN-MiNZE-DRESSiNG

OUTPLAY
ORANGENDRESSING

PREPARATION TIME
5 MIN.

PLAYER
2

Nährwerte pro 100 g

KALORIEN	KOHLENHYDRATE	EIWEISS	FETT
286 kcal	11,7 g	0,7 g	26,6 g

ITEMS

1 Bioorange (160 g)

5 EL Olivenöl (60 ml)

1 EL Apfelessig (15 ml)

2 EL Mayonnaise (30 g)

1 EL Honig (20 g)

Salz

schwarzer Pfeffer aus der Mühle

PREPARATION

1. Orange heiß abwaschen und abtrocknen, dann mit einer sehr feinen Reibe die Schale abreiben.
2. Orange halbieren und Saft ausdrücken – den Saft mit dem Fruchtfleisch verwenden.
3. Olivenöl, Apfelessig, Mayonnaise, Honig und Orangensaft in einem Standmixer 1 Minute auf maximalem Level verrühren.
4. Das Dressing mit Salz, Pfeffer und abgeriebener Orangenschale würzen.

SHOPPING LIST SCHNELL AUFS HANDY?

PRO-TIPP

Statt frischem Orangensaft kannst du welchen aus der Flasche nehmen. Dann brauchst du etwa 80–100 ml.

PREPARATION TIME
5 MIN.

PLAYER
2

Nährwerte pro 100 g

KALORIEN	KOHLENHYDRATE	EIWEISS	FETT
271 kcal	2,3 g	12,6 g	23,4 g

ITEMS

1 Becher saure Sahne (150 g)

2 EL Apfelessig (30 ml)

2 EL Mayonnaise (30 g)

1 Knoblauchzehe

½ Parmesankeil (100 g)

½ Tütchen Agar-Agar (5 g)

Salz

schwarzer Pfeffer
aus der Mühle

SHOPPING LIST SCHNELL AUFS HANDY?

PREPARATION

1. Saure Sahne, Apfelessig und Mayonnaise mit einem Schneebesen verrühren.
2. Knoblauchzehe schälen und fein hacken.
3. Den Parmesan fein reiben.
4. Knoblauch, Parmesan und Agar-Agar in die Sahne-Mayonnaise-Mischung rühren.
5. Last, but not least: salzen und pfeffern.

PRO-TIPP

Agar-Agar ist ein pflanzliches Bindemittel, das im kalten Zustand bindet. In den meisten Supermärkten ist es ganz easy zu bekommen.

PEAK PERFORMANCE

PARMESAN-DRESSING

KAPITEL 4

BOWLS

COMEBACK

BLUMENKOHL-BOWL MIT AVOCADO

PREPARATION TIME
10 MIN.

PLAYER
2

Nährwerte pro 100 g

KALORIEN	KOHLENHYDRATE	EIWEISS	FETT
136 kcal	4,9 g	5,0 g	11,2 g

ITEMS

1 Pck. TK-Blumenkohl (450 g)

1 Becher saure Sahne (150 g)

2 EL Mayonnaise (40 g)

2 EL Apfelessig

1 Knoblauchzehe

½ Parmesankeil (125 g)

½ Beutel Agar-Agar (5 g)

Salz

schwarzer Pfeffer
aus der Mühle

1 Avocado (300 g)

½ Pck. Kirschtomaten (125 g)

PREPARATION

1. Den Blumenkohl auftauen.
2. Saure Sahne mit Mayonnaise und Apfelessig zu einem Dressing verrühren. Knoblauchzehe abziehen und fein hacken. Den Parmesan fein reiben. Knoblauch, geriebenen Parmesan und Agar-Agar unter das Dressing rühren und mit Salz und Pfeffer würzen.
3. Avocado halbieren, entkernen, das Fruchtfleisch mit einem Löffel aus der Schale lösen und in 1–2 cm große Stücke schneiden. Kirschtomaten waschen und vierteln. Blumenkohl, Avocados und Tomaten in zwei Bowls geben und mit dem Dressing servieren.

SHOPPING LIST SCHNELL AUFS HANDY?

PRO-TIPPS

1. Auftauen kannst du auf verschiedene Arten: Im Kühlschrank solltest du dem Blumenkohl eine ganze Nacht Zeit geben, damit er richtig auftaut. In der Mikrowelle und auch in warmem Wasser ist das Auftauen in der Regel innerhalb von 10 Minuten erledigt. Im Topf geht das Auftauen ruckzuck.
2. Du kannst auch geriebenen Parmesan kaufen, dann geht die Zubereitung noch schneller.

BLUMENKOHL

Von wegen blasses Gemüse: Blumenkohl hat echte Superkräfte. Er beeindruckt mit einem hohen Gehalt an Vitaminen und Spurenelementen – 100 g enthalten bereits 50 µg Folsäure, 280 µg Kalium, 180 µg Mangan und 45 µg Kupfer. Folsäure ist besonders für die Funktion der Nerven unerlässlich und Kalium wird von sämtlichen Körperzellen für die Signalweiterleitung benötigt. Mangan ist an der Entsäuerung der Muskeln und Kupfer an der Blutbildung beteiligt.

Außerdem steckt in Blumenkohl reichlich Vitamin K, das für Stoffwechsel und die Blutgerinnung verantwortlich ist: 100 g decken bereits 300 Prozent des Tagesbedarfs. Vitamin K kann unser Körper nicht selbst herstellen, es ist essenziell und muss deshalb von außen zugeführt werden.

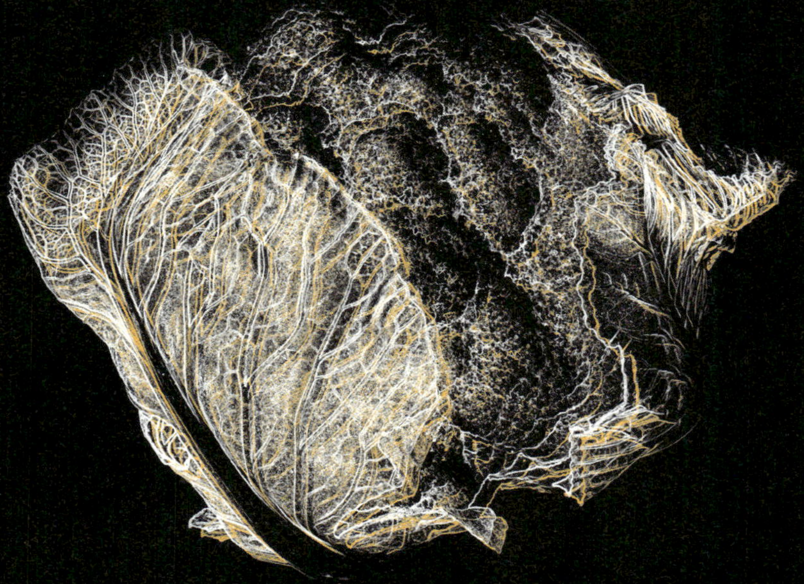

FOKUS-BOOSTER

REGENERATIONS-BOOSTER

BROKKOLI

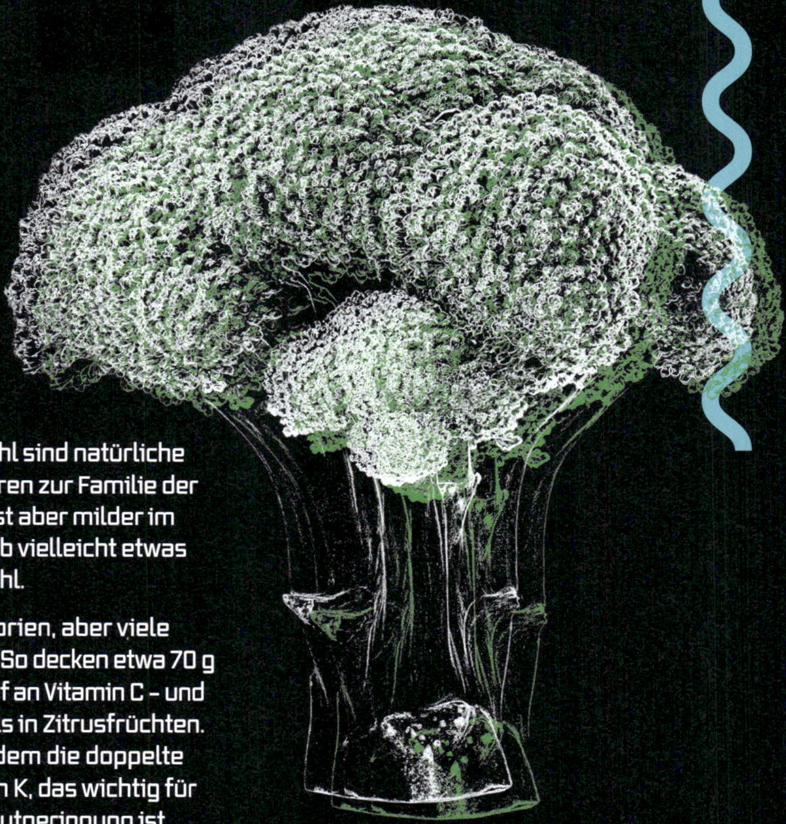

Brokkoli und Blumenkohl sind natürliche Verwandte, beide gehören zur Familie der Kreuzblütler. Brokkoli ist aber milder im Geschmack und deshalb vielleicht etwas beliebter als Blumenkohl.

Brokkoli hat wenig Kalorien, aber viele wertvolle Inhaltsstoffe. So decken etwa 70 g bereits den Tagesbedarf an Vitamin C – und das ist deutlich mehr als in Zitrusfrüchten. 100 g enthalten außerdem die doppelte Tagesmenge an Vitamin K, das wichtig für Knochen, Nieren und Blutgerinnung ist.

Beim Mineralstoffgehalt punktet der Kohl mit Calcium und Eisen. Übrigens: Vitamin K sorgt dafür, dass Calcium gut im Körper aufgenommen werden kann – wie gut, dass direkt beides im Brokkoli enthalten ist!

ENTZÜNDUNGS-HEMMER

LEISTUNGS-STEIGERER

RUNDUM-VERSORGER

PREPARATION TIME
10 MIN.

PLAYER
2

Nährwerte pro 100 g

KALORIEN	KOHLENHYDRATE	EIWEISS	FETT
189 kcal	16,5 g	8,7 g	10,0 g

ITEMS

1 Pck. TK-Brokkoli (500 g)

½ Pck. Frischkäse (100 g)

1 EL Honig (20 g)

3 EL Milch (60 ml)

Saft von 1 Zitrone

Salz

schwarzer Pfeffer aus der Mühle

½ Granatapfel (250 g)

2 EL Erdnusskerne (40 g)

PREPARATION

1. Den Brokkoli auftauen – siehe Pro-Tipps auf Seite 109.
2. Frischkäse mit Honig, Milch und Zitronensaft glatt rühren. Mit Salz und Pfeffer würzen.
3. Die Granatapfelkerne aus der Schale lösen.
4. Brokkoli auf zwei Bowls verteilen, mit Granatapfelkernen und Erdnüssen bestreuen und mit Salz und Pfeffer würzen.
5. Die Frischkäsecreme darauf verteilen und servieren.

SHOPPING LIST SCHNELL AUFS HANDY?

PRO-TIPP

So gelingt das Herauslösen der Granatapfelkerne ohne große Sauerei: Granatapfel halbieren und in einer Schüssel mit Wasser die Kerne mit den Fingern aus der Frucht lösen. Dann über einem Sieb das Wasser abschütten und die weiße bittere Schale entfernen.

AIMBOT

BROKKOLI-BOWL MIT ERDNÜSSEN UND GRANATAPFEL

GG

GRÜNE-BOHNEN-PFIRSICH-BOWL

PREPARATION TIME
15 MIN.

PLAYER
2

Nährwerte pro 100 g

KALORIEN	KOHLENHYDRATE	EIWEISS	FETT
121 kcal	11,0 g	2,6 g	7,9 g

ITEMS

1 Pck. TK-Bohnen (450 g)

1 Becher saure Sahne (150 g)

Saft von ½ Zitrone

2 EL Tahini (Sesammus; 50 g)

Salz

schwarzer Pfeffer aus der Mühle

½ Dose halbierte Pfirsiche (240 g)

2 EL Rapsöl

2 EL frisch gehackte Petersilie

PREPARATION

1. Die Bohnen auftauen lassen.
2. Sahne, Zitronensaft und Tahini zu einer glatten Sauce verrühren. Mit Salz und Pfeffer würzen.
3. Die Pfirsichhälften in Spalten schneiden.
4. Die Bohnen mit den Pfirsichspalten in einer Pfanne in heißem Rapsöl 3–4 Minuten braten. Mit Salz und Pfeffer abschmecken und dann auf zwei Bowls verteilen.
5. Mit Tahinsauce übergießen und mit Petersilie bestreut genießen.

SHOPPING LIST SCHNELL AUFS HANDY?

PRO-TIPP

Pfirsiche karamellisieren beim Braten in der Pfanne besonders schön, deshalb ist eine beschichtete Pfanne empfehlenswert.

BOHNEN

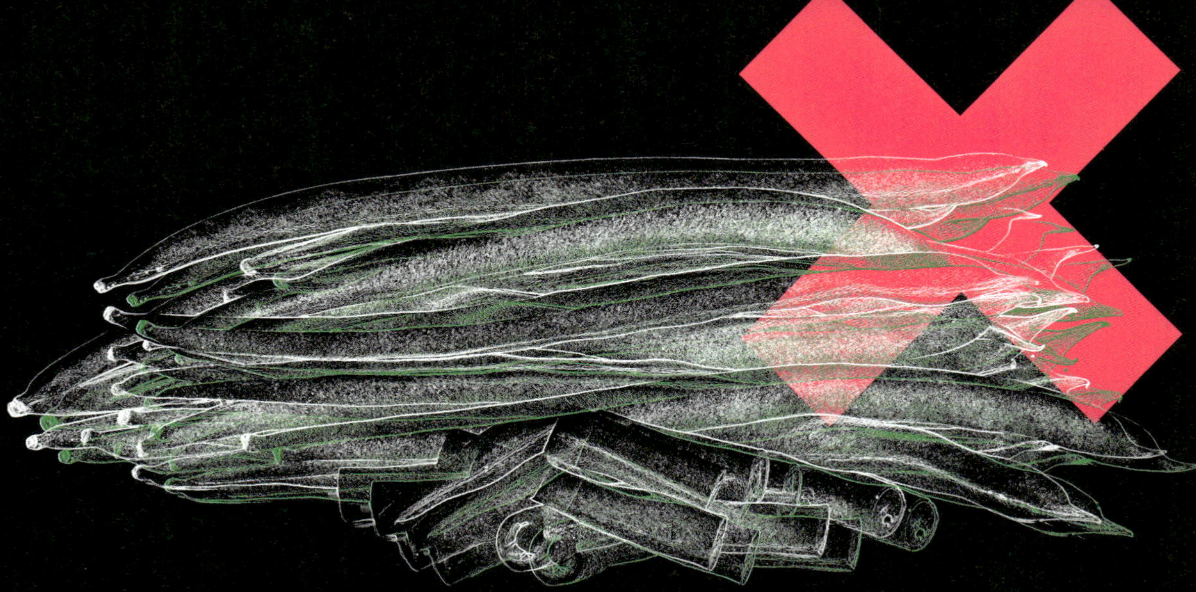

Bohnen sind eine Proteinbombe. Das hochwertige Eiweiß mit lebenswichtigen Aminosäuren ist ein sehr guter Baustoff für Muskeln, Zellen und Gewebe.

Außerdem weisen sie einen sehr hohen Ballaststoffgehalt und einen niedrigen glykämischen Index auf: Bohnen geben Kohlenhydrate sehr langsam an die Blutbahn ab und sorgen so für ein lange anhaltendes Sättigungsgefühl.

Neben wichtigen Ballaststoffen, die die Verdauung anregen, besteht der gesundheitliche Nutzen der Hülsenfrüchte in den Mineralstoffen Magnesium, Kalium, Calcium und Eisen.

HUNGER-BEKÄMPFER

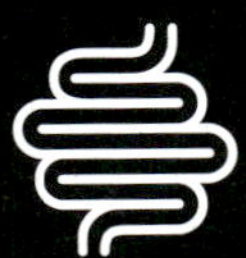

VERDAUUNGS-HELFER

BLUTDRUCK-SENKER

KARTOFFELN

Die Bezeichnung „Drillinge" wird für kleine Kartoffelsorten verwendet, die du problemlos ungeschält verarbeiten kannst. Damit sind gleich zwei Vorteile verbunden: Die Zubereitung spart Zeit und die wertvollen Vitamine unter der Schale bleiben weitgehend erhalten. Apropos Vitamine: Die Kartoffel wird manchmal auch „Zitrone des Nordens" genannt, weil auf 100 g rund 17 mg Vitamin C kommen – das ist mehr als beispielsweise bei Äpfeln. Vitamin C ist antioxidativ, es schützt vor freien Radikalen und stärkt das Immunsystem.

Kartoffeln haben wenige Kalorien, denn die Knolle besteht zu 80 Prozent aus Wasser. 100 g Kartoffeln liefern gerade mal etwa 70 kcal. Im Vergleich dazu: Nudeln und Reis weisen oft die vier- bis fünffache Menge Kalorien auf. Trotzdem sättigen Kartoffeln hervorragend. Grund dafür ist der große Stärkeanteil. Stärke ist ein komplexes Kohlenhydrat, dessen Aufspaltung im Körper mehr Zeit für die Aufnahme in die Blutbahn benötigt. Die Folge: Du bist länger satt.

HUNGER-BEKÄMPFER

ENTZÜNDUNGS-HEMMER

BAKTERIEN-KILLER

PREPARATION TIME
25 MIN.

PLAYER
2

Nährwerte pro 100 g

KALORIEN	KOHLENHYDRATE	EIWEISS	FETT
187 kcal	10,8 g	2,8 g	15,2 g

ITEMS

½ Pck. kleine Kartoffeln (Drillinge; 250 g)

1 EL Rapsöl

8 Radieschen

2 Frühlingszwiebeln

½ Pck. Frühstücksspeck (60 g)

4 EL TK-Erbsen, aufgetaut

4 EL Senfdressing (siehe Seite 96)

Salz

schwarzer Pfeffer aus der Mühle

PREPARATION

1. Kartoffeln waschen, in 1–2 cm große Stücke schneiden und in heißem Rapsöl von jeder Seite 8–10 Minuten goldbraun braten.
2. In der Zwischenzeit die Radieschen putzen, waschen und in Sechstel schneiden.
3. Frühlingszwiebeln putzen, waschen und in Scheiben schneiden.
4. Den Speck in 3 cm große Stücke schneiden, zu den Kartoffeln geben und mitbraten.
5. Sobald die Kartoffeln gar und der Speck kross ist, alle Zutaten in einer Schüssel vermengen, die Erbsen zufügen und mit dem Senfdressing marinieren. Mit Salz und Pfeffer würzen. In zwei Schüsseln verteilen und servieren.

SHOPPING LIST SCHNELL AUFS HANDY?

PRO-TIPP

Tiefkühlerbsen brauchen nur wenige Minuten zum Auftauen. Alternativ kannst du sie warmen Gerichten zugeben, dann geht es noch schneller.

CLUTCH

KARTOFFEL-BOWL MIT ERBSEN UND SENFDRESSING

KING OF THE HILL

KARTOFFEL-SPINAT-BOWL MIT PARTYGARNELEN

PREPARATION TIME
35 MIN.

PLAYER
2

Nährwerte pro 100 g

KALORIEN	KOHLENHYDRATE	EIWEISS	FETT
85 kcal	9,0 g	4,8 g	3,4 g

ITEMS

½ Pck. kleine Kartoffeln (Drillinge; 250 g)

Salz

2 Orangen

1 Pck. Babyspinat (100 g)

2 Pck. vorgekochte Partygarnelen (200 g)

4 EL Orangendressing (siehe Seite 102)

1 TL Chiliflocken

schwarzer Pfeffer aus der Mühle

PREPARATION

1. Kartoffeln waschen und ungeschält in kochendem Salzwasser 20–25 Minuten kochen.
2. Orangen in der Zwischenzeit schälen und die Filets herausschneiden (alternativ in Scheiben schneiden).
3. Spinat waschen und abtropfen lassen.
4. Die gekochten Kartoffeln halbieren oder vierteln. Spinat, Kartoffeln und Garnelen mischen, auf zwei Bowls verteilen und mit dem Orangendressing übergießen.
5. Chiliflocken darüberstreuen und mit Salz und Pfeffer würzen.

SHOPPING LIST SCHNELL AUFS HANDY?

PRO-TIPP

Babyspinat ist ein zartes Blattgemüse, das wunderbar roh gegessen werden kann.

ORANGEN

Dass Orangen wenige Kalorien und viel Vitamin C enthalten, ist nichts Neues. Darüber hinaus versorgen sie dich mit den Vitaminen B_1, B_2 und B_6, die die Nerven stärken und Energie und Konzentration steigern.

Als Mineralstoffe bringen sie vor allem Magnesium, Calcium und Kalium mit. Magnesium brauchen wir für die Funktion von Muskeln und Herz, Calcium sorgt für gesunde Knochen und Zähne und Kalium ist für einen guten Wasserhaushalt im Körper verantwortlich.

Anders als bei vielen anderen Fruchtsorten ist die glykämische Last bei Orangen relativ gering. Das bedeutet, dass der Verzehr von Orangen für den Insulinspiegel unproblematisch ist.

HUNGER-BEKÄMPFER

ENTZÜNDUNGS-HEMMER

BAKTERIEN-KILLER

STRESS-VERNICHTER

MANGO

Die exotische Mango ist als Flugware ganzjährig bei uns im Handel erhältlich. Die Früchte sind säurearm, ballaststoffreich und gut verdaulich. Trotz ihres hohen Zuckergehalts sind Mangos sehr gesund. Das verdanken sie den Vitaminen C, E und B und der Folsäure. Diese schützen das Immunsystem und bewahren die Zellen vor den negativen Auswirkungen von Stress. Mangos enthalten außerdem sehr viel Beta-Carotin, das nicht nur die Zellerneuerung und die Abwehrkräfte unterstützt, sondern auch die Sehkraft stärkt.

Zudem stecken in ihnen wichtige Mineralstoffe wie Kalium, Magnesium und Calcium. Ein schöner Nebeneffekt: Mangos zählen zu den hautfreundlichen Nahrungsmitteln, die das Hautbild verschönern.

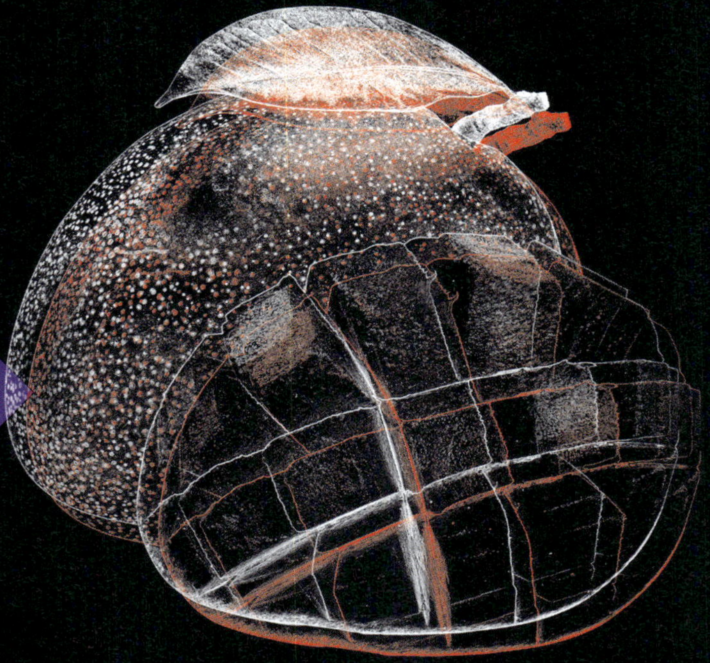

BAKTERIEN-KILLER

REGENERATIONS-BOOSTER

STRESS-VERNICHTER

PREPARATION TIME
8 MIN.

PLAYER
2

Nährwerte pro 100 g

KALORIEN	KOHLENHYDRATE	EIWEISS	FETT
101 kcal	7,5 g	0,7 g	3,7 g

ITEMS

1 Salatgurke (400 g)

1 Mango (450 g)

1 TL schwarze Sesamsaat (4 g)

1 TL weiße Sesamsaat (4 g)

2 Schnapsglas Gin (16 cl)

Saft von 1 Orange

3 EL Olivenöl

1 TL Senf (5 g)

Zucker

Salz

schwarzer Pfeffer
aus der Mühle

1 Blatt Nori-Alge

PREPARATION

1. Salatgurke schälen, vierteln und in 1 cm große Stücke schneiden.
2. Mango schälen, das Fruchtfleisch vom Stein lösen und in Würfel schneiden.
3. Gurken- und Mangostücke vermengen und mit dem Sesam bestreuen.
4. Gin, Orangensaft, Olivenöl und Senf zu einer Sauce verrühren. Mit Zucker, Salz und Pfeffer würzen.
5. Den Salat auf zwei Bowls verteilen und mit dem Gin-Dressing übergießen.
6. Die Nori-Alge mit einer Schere in Streifen schnibbeln und darüberstreuen.

SHOPPING LIST SCHNELL AUFS HANDY?

PRO-TIPP

Verwende für das Rezept am besten eine fruchtige Gin-Sorte.

GODLIKE

MANGO-GURKEN-BOWL MIT SESAM

SUPERiOR

ROTE-BETE-BOWL MiT HiMBEEREN

PREPARATION TIME
8 MIN.

PLAYER
2

Nährwerte pro 100 g

KALORIEN	KOHLENHYDRATE	EIWEISS	FETT
97 kcal	9,5 g	3,4 g	5,1 g

ITEMS

1 Pck. vorgegarte Rote Bete (500 g)

1 EL Honig (20 g)

Salz

schwarzer Pfeffer aus der Mühle

4 EL Olivenöl

3 EL Balsamico-Essig

1 Schale Himbeeren (250 g)

1 Becher Hüttenkäse (200 g)

½ Schälchen Gartenkresse

PREPARATION

1. Rote Bete in Würfel schneiden und mit Honig, Salz und Pfeffer würzen.
2. Mit Olivenöl und Balsamico-Essig marinieren.
3. Himbeeren abbrausen, trocken tupfen, vorsichtig mit den Rote-Bete-Würfeln vermengen und auf zwei Bowls verteilen.
4. Hüttenkäse daraufgeben und mit frischer Kresse bestreut genießen.

SHOPPING LIST SCHNELL AUFS HANDY?

PRO-TIPPS

1. Trage beim Schneiden der Roten Bete am besten Einweghandschuhe, da sie sehr stark färbt.
2. Balsamico-Essig ist ein Essig, der aus Weißweintrauben hergestellt wird. Seine dunkle Farbe erhält er bei der Herstellung und der Lagerung in einem Eichenfass. Das Original hat immer die Bezeichnung „Balsamico tradizionale".

ROTE BETE

Rote Bete enthält die Vitamine A und C, wichtige B-Vitamine, Folsäure sowie eine ganze Bandbreite an Mineralstoffen, darunter Eisen, Magnesium und Betain. Der Verzehr von Roter Bete wirkt blutbildend, steigert sowohl Denk- als auch Körperleistung und ist gut für das Herz-Kreislauf-System.

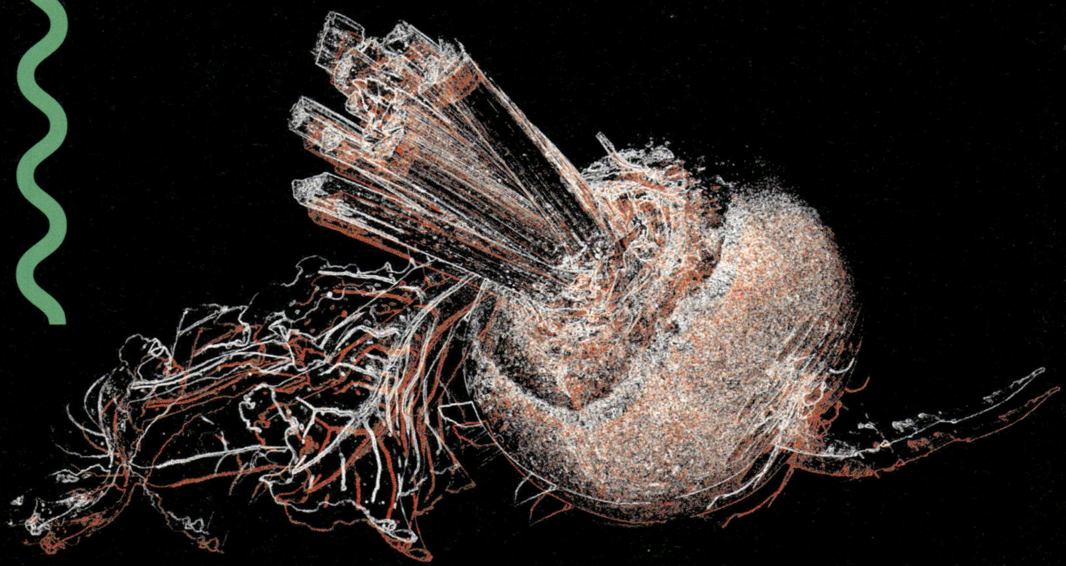

Die intensive rote Farbe kommt durch den sekundären Pflanzenstoff Betanin, der die Körperabwehr stärkt und entzündungshemmend wirkt. Ein regelmäßiger Verzehr schützt vor Bluthochdruck und hilft der Muskelregeneration.

Typisch für die Knolle ist ihr erdiger Geschmack, der wunderbar mit Milchprodukten und natürlichen Süßungsmitteln harmoniert.

MOTIVATIONS-SCHUB

BLUTDRUCK-SENKER

REGENERATIONS-BOOSTER

MASCARPONE

Mascarpone ist ein italienischer Doppelrahmfrischkäse, der gern für Süßspeisen verwendet wird. Die Doppelrahmstufe deutet auf den hohen Fettgehalt von 80 Prozent hin. Damit sättigt Mascarpone lange und beugt Heißhungerattacken vor.

Noch dazu ist er eine richtige Vitamin-A-Bombe für eine gute Sehkraft und ein schönes Hautbild. Die wichtigsten Mineralstoffe sind Calcium und Phosphor, die für gesunde Knochen und Zähne sorgen.

HUNGER-BEKÄMPFER

LEISTUNGS-STEIGERER

PREPARATION TIME
8 MIN.

PLAYER
2

Nährwerte pro 100 g

KALORIEN	KOHLENHYDRATE	EIWEISS	FETT
192 kcal	13,6 g	3,0 g	13,9 g

ITEMS

1 Pck. Mascarpone (250 g)

Saft von 2 Zitronen

6 EL Milch (60 ml)

1 EL Honig (20 g)

¼ Baguette (100 g)

1 EL Butter (20 g)

1 Schale gemischte Beeren (250 g)

2 EL Puderzucker

PREPARATION

1. Mascarpone, Saft einer Zitrone, Milch und Honig glatt rühren.
2. Das Baguette in 2–3 cm große Stücke reißen und in Butter bei mittlerer Temperatur goldbraun 2 Minuten braten.
3. Die Beeren abbrausen und trocken tupfen.
4. Das knusprige Baguette mit dem restlichen Zitronensaft beträufeln und mit Puderzucker bestreuen.
5. Den Mascarpone auf zwei Bowls verteilen, die Beeren und das Baguette daraufgeben und genießen.

SHOPPING LIST SCHNELL AUFS HANDY?

PRO-TIPP

Butter verbrennt bei hohen Temperaturen schneller als Öl. Brate die Baguettestücke deshalb unbedingt nur bei mittlerer Hitze.

ENDGAME

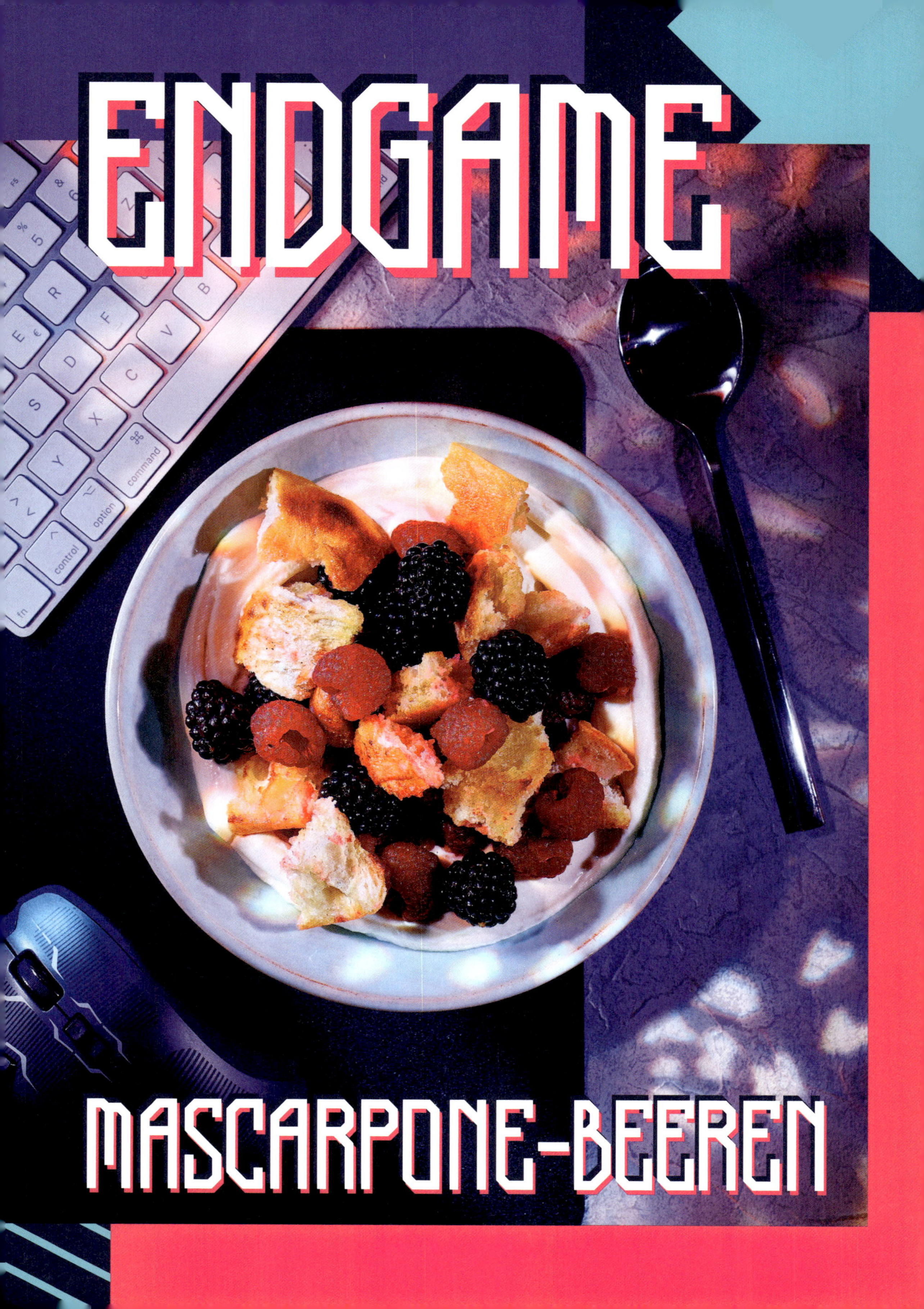

MASCARPONE-BEEREN

RESPAWN

ROTKOHL-BOWL MIT ZARTBITTER-SCHOKOLADE

PREPARATION TIME
6 MIN.

PLAYER
2

Nährwerte pro 100 g

KALORIEN	KOHLENHYDRATE	EIWEISS	FETT
77 kcal	12,2 g	1,5 g	2,8 g

ITEMS

½ Glas Rotkohl (375 g)

½ Pck. dunkle Weintrauben (125 g)

½ Tafel Zartbitterschokolade (50 g)

4 EL Balsamico-Creme (40 g)

SHOPPING LIST SCHNELL AUFS HANDY?

PREPARATION

1. Den Rotkohl über einem Sieb abtropfen lassen und auf zwei Bowls verteilen.
2. Die Weintrauben waschen, von den Stielen zupfen und auf dem Rotkohl verteilen.
3. Die Schokolade über die Bowls reiben und mit der Balsamico-Creme beträufeln.

PRO-TIPP

Verwende am besten eine Traubensorte mit Kernen. Weshalb? Das erkläre ich dir im Kitchendex.

TRAUBEN

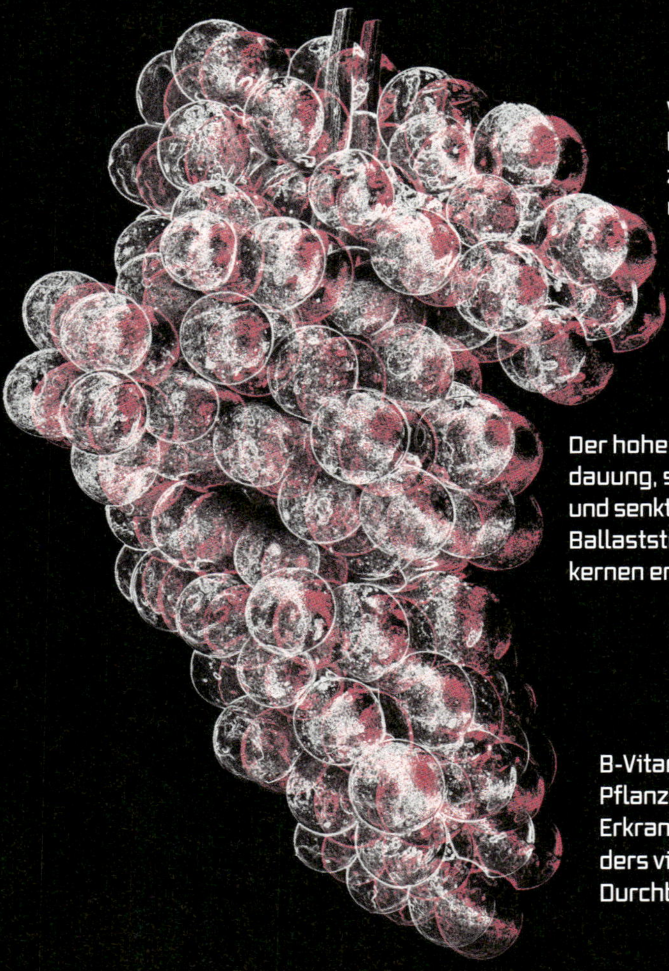

Weintrauben sind perfekte Energielieferanten, denn der enthaltene Fruchtzucker gelangt schnell in die Blutbahn und sorgt für einen Energieschub.

Der hohe Anteil an Ballaststoffen fördert die Verdauung, sorgt für eine gesunde Darmbewegung und senkt den Cholesterinspiegel – und die meisten Ballaststoffe sind in der Schale und den Traubenkernen enthalten.

B-Vitamine, Mineralstoffe und sekundäre Pflanzenstoffe schützen vor Herz-Kreislauf-Erkrankungen. Rote Trauben enthalten besonders viel Resveratrol und Flavonoide, die die Durchblutung steigern.

LEISTUNGS-STEIGERER

FOKUS-BOOSTER

MOTIVATIONS-SCHUB

COUSCOUS

Durch die vielen Ballaststoffe ist Couscous ein guter Sattmacher und senkt gleichzeitig das Risiko von Herzkrankheiten.

Der Proteinanteil ist mit 11 Prozent ebenfalls sehr hoch. Die Kombination von Kohlenhydraten, pflanzlichen Proteinen und sehr wenig Fett macht Couscous zu einem gesunden Energielieferanten.

Selen ist als Spurenelement zu erwähnen – das sorgt für eine gesunde Schilddrüse. Die schnelle und einfache Zubereitung ist ein weiteres gutes Argument für Couscous.

HUNGER-BEKÄMPFER | **LEISTUNGS-STEIGERER** | **VERDAUUNGS-HELFER**

PREPARATION TIME
15 MIN.

PLAYER
2

Nährwerte pro 100 g

KALORIEN	KOHLENHYDRATE	EIWEISS	FETT
86 kcal	13,4 g	1,3 g	3,2 g

ITEMS

1 Dose Kokosmilch (400 ml)

4 EL Ananassaft aus der Dose

½ Beutel Couscous (250 g)

2 EL zimmerwarme Butter (40 g)

½ Schlangengurke (200 g)

2 Stängel frische Minze

½ Dose Ananas in Stücken (400 g)

1 TL Chiliflocken

2 EL Kokoschips

PREPARATION

1. Kokosmilch mit dem Ananassaft aufkochen. Couscous hineinrieseln lassen, umrühren und 2–3 Minuten kochen lassen.
2. Die Butter unterheben und 10 Minuten im Topf ziehen lassen.
3. Gurke schälen, halbieren und das Kerngehäuse mit einem Löffel entfernen. Das Fruchtfleisch in mundgerechte Stücke schneiden.
4. Minze abbrausen, trocken schütteln, die Blättchen abzupfen und hacken.
5. Gurken- und Ananasstücke sowie Minze unter den Couscous heben und alles auf zwei Bowls verteilen.
6. Mit Chiliflocken und Kokoschips bestreuen.

SHOPPING LIST SCHNELL AUFS HANDY?

PRO-TIPP

Du kannst auch frische Ananas verwenden. Eine reife Ananas erkennst du sehr gut am fruchtigen Duft und am Blättertest (siehe Seite 173).

CHALLENGER

COUSCOUS-BOWL MIT KOKOS UND ANANAS

HACK 'N' SLAY

TERIYAKI-BOWL MIT ERDNUSSDRESSING

PREPARATION TIME
10 MIN.

PLAYER
2

Nährwerte pro 100 g

KALORIEN	KOHLENHYDRATE	EIWEISS	FETT
118 kcal	10,9 g	7,5 g	5,4 g

ITEMS

1 Pck. Tofu Natur (100 g)

3 EL Teriyaki-Sauce

½ Schlangengurke (200 g)

1 Möhre (100 g)

1 Pck. Edamame (200 g)

1 TL weiße Sesamsaat

4 EL Erdnussdressing (siehe Seite 98)

PREPARATION

1. Tofu ausdrücken, in Würfel schneiden und in einer Schüssel mit der Teriyaki-Sauce marinieren.
2. Gurke der Länge nach vierteln und das Kerngehäuse mit einem Löffel entfernen. Dann das Fruchtfleisch in schräge Streifen schneiden.
3. Möhre schälen und fein reiben.
4. Edamame, Gurkenstreifen, Möhren und Tofu auf zwei Bowls verteilen. Mit Sesam bestreuen und mit Erdnussdressing übergießen.

SHOPPING LIST SCHNELL AUFS HANDY?

PRO-TIPP

Die japanische Bezeichnung „Edamame" bedeutet etwa „Bohnen am Zweig". Damit sind sowohl die noch unreif geernteten Sojabohnen als auch das daraus zubereitete Gericht gemeint. Edamame gibt es im Glas oder als TK-Gemüse zu kaufen.

TOFU

Tofu wird aus geronnener Sojamilch hergestellt und von vielen auch Bohnenquark genannt. Er ist kalorienarm und hat mit 15 g Protein auf 100 g einen hohen Eiweißgehalt.

Eine Faustregel lautet: Je fester der Tofu ist, desto mehr Proteine sind enthalten.

Als guter Eisenlieferant ist er als pflanzlicher Fleischersatz bekannt geworden.

Tofu wird in unterschiedlichen Formen angeboten – Naturtofu, Seidentofu und Räuchertofu sind die bekanntesten.

RUNDUM-VERSORGER

AUSDAUER-STEIGERER

STRESS-VERNICHTER

LEINSAMEN

Sie sind nur wenige Millimeter groß, aber voll mit gesunden Power-Stoffen: Leinsamen sind ein echtes Superfood und gewinnen locker jede Gesundheits-Challenge mit Chia und Co. So sind sie eine tolle pflanzliche Quelle für Omega-3-Fettsäuren, die dein Körper für den Zellstoffwechsel und den Erhalt seiner Abwehrkräfte braucht.

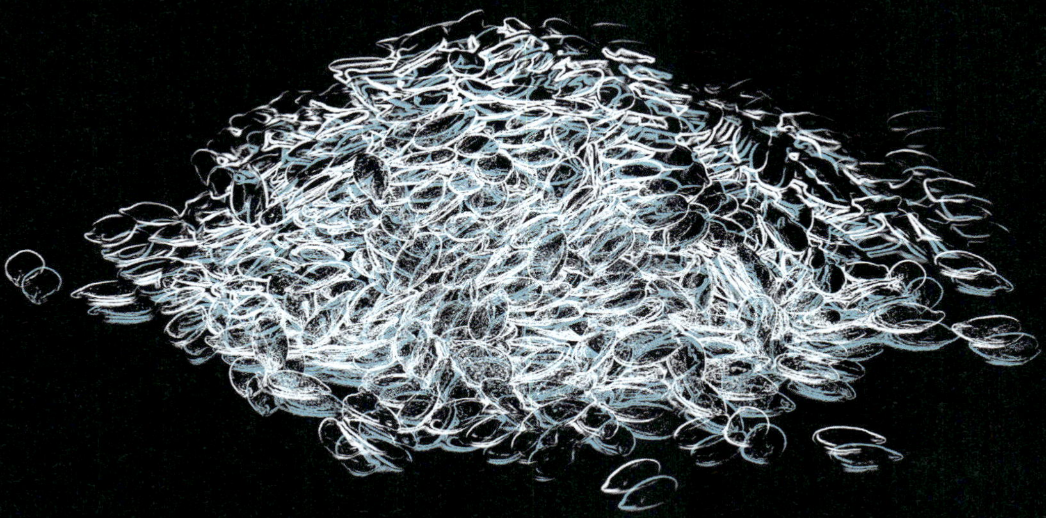

In den Samen stecken zudem viele Ballaststoffe, die für eine lange Sättigung sowie eine gute Darmgesundheit sorgen. Außerdem punkten sie mit einem hohen Gehalt an Proteinen sowie an Vitamin E, Calcium und Magnesium.

Leinsamen immer kurz vor dem Verzehr frisch schroten – damit werden die wichtigen Nährstoffe besser vom Körper aufgenommen. Und: viel trinken! Das ist essenziell, damit die Schleimstoffe der Leinsamen quellen können.

VERDAUUNGS-HELFER | **RUNDUM-VERSORGER** | **BLUTDRUCK-SENKER**

PREPARATION TIME
10 MIN. + 12 STD.

PLAYER
2

Nährwerte pro 100 g

KALORIEN	KOHLENHYDRATE	EIWEISS	FETT
195 kcal	19,5 g	4,1 g	3,4 g

ITEMS

1 Banane

1 Glas Haferflocken (100 g)

2 EL Leinsamen (20 g)

½ Pck. TK-Beerenmix (100 g)

½ Glas Milch (100 ml)

½ Glas Mineralwasser (100 ml)

PREPARATION

1. Die Banane in einer Frühstücksdose mit einer Gabel gut zerdrücken.
2. Haferflocken, Leinsamen und Beerenmix zufügen.
3. Milch und Mineralwasser einrühren und über Nacht in den Kühlschrank stellen.
4. Am nächsten Morgen genießen.

SHOPPING LIST SCHNELL AUFS HANDY?

LIVE ON TWITCH

© Apecast

TWITCH.TV/APECAST

PRO-TIPP

Verwende eine Milchsorte deiner Wahl! Auch pflanzliche Milchalternativen wie Hafer-, Soja- oder Mandeldrink eignen sich sehr gut.

APECAST'S POWER OAT BREAKIE

KAPITEL 5

GET-FRESH-JOGHURT

KOOP

KIWI-SPINAT-JOGHURT

PREPARATION TIME
10 MIN.

PLAYER
2

Nährwerte pro 100 g

KALORIEN	KOHLENHYDRATE	EIWEISS	FETT
79 kcal	8,6 g	2,5 g	3,9 g

ITEMS

1 Pck. frischer Babyspinat (200 g)

2 EL Olivenöl

Salz

schwarzer Pfeffer aus der Mühle

frisch geriebene Muskatnuss

1 Becher Joghurt Natur (500 g)

6 grüne Kiwis

2 TL schwarze Sesamsaat

PREPARATION

1. Babyspinat waschen und abtropfen lassen.
2. 1 EL Olivenöl in einer Pfanne erhitzen. Spinat darin 3 Minuten anschwitzen. Mit Salz, Pfeffer und Muskat würzen.
3. Joghurt auf zwei Schüsseln verteilen. Die Kiwis schälen und in 1 cm große Stücke schneiden.
4. Kiwis und Spinat jeweils links und rechts auf dem Joghurt platzieren und mit Sesam bestreuen.
5. Mit ein paar Tropfen Olivenöl beträufelt servieren.

SHOPPING LIST SCHNELL AUFS HANDY?

PRO-TIPP

Frischer Spinat hat sehr viel Volumen – nach dem Erhitzen verliert der Spinat davon etwa zwei Drittel und die Menge normalisiert sich.

KIWI

Mit einem Plus an wertvollen Inhaltsstoffen wie Vitamin K, Folsäure, Magnesium und Kalium ist die Kiwi ein regelrechtes Superfood. Besonders ihr Vitamin-C-Gehalt ist beachtlich: Ein bis zwei Kiwis am Tag decken bereits den Tagesbedarf und stärken so das Immunsystem.

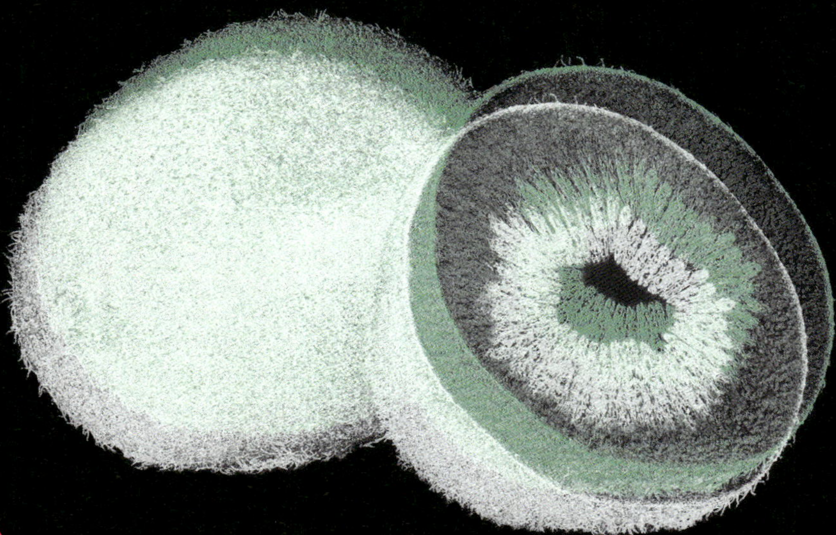

Außerdem gelten die kleinen Früchtchen als wahre Verdauungsbooster: Dank eines hohen Ballaststoffgehalts und des natürlichen Verdauungsenzyms Actinidain lässt sich bereits mit zwei Kiwis pro Tag die Darmtätigkeit verbessern. Actinidain spaltet darüber hinaus besonders gut Proteine auf und sorgt für eine schnellere und bessere Eiweißaufnahme.

BAKTERIEN-KILLER

STRESS-VERNICHTER

VERDAUUNGS-HELFER

WALNÜSSE

Mit rund 90 Nährstoffen sind Walnüsse kleine Kraftpakete für deine Gesundheit. Dazu zählen Magnesium, Zink, Kupfer, Eisen, Phosphor, Folsäure, Eisen, Kalium und etliche Vitamine. Außerdem enthalten sie ungesättigte Fettsäuren – besonders wertvoll ist die Alpha-Linolensäure, mit der Walnüsse punkten. Diese Fettsäuren machen nicht nur lange satt und senken den Cholesterinspiegel, sondern pushen auch Gedächtnis und Konzentration. Nicht umsonst gelten Walnüsse als echtes Brain-Food.

FOKUS-BOOSTER

HUNGER-BEKÄMPFER

RUNDUM-VERSORGER

PREPARATION TIME
10 MIN.

PLAYER
2

Nährwerte pro 100 g

KALORIEN	KOHLENHYDRATE	EIWEISS	FETT
138 kcal	14,2 g	2,8 g	7,9 g

ITEMS

2 Mangos (900 g)

4 EL Walnusskerne (100 g)

1 Tafel Schokolade (100 g)

1 TL Rapsöl

1 Becher Joghurt Natur (500 g)

PREPARATION

1. Mangos schälen, das Fruchtfleisch vom Stein lösen und in 1 cm große Würfel schneiden.
2. Die Walnusskerne hacken.
3. Schokolade und Rapsöl zusammen in einer Schüssel für 30 Sekunden in der Mikrowelle (600 Watt) schmelzen.
4. Joghurt auf zwei Schüsseln verteilen.
5. Mangowürfel und Nüsse auf dem Joghurt verteilen und mit der flüssigen Schokolade übergießen.

SHOPPING LIST SCHNELL AUFS HANDY?

PRO-TIPP

Schokolade kannst du auch über einem Wasserbad schmelzen. Dafür setzt du eine Schüssel in einen mit Wasser gefüllten Topf; der Schüsselboden darf das Wasser nicht berühren. Das Wasser erhitzen und die Schokolade in der Schüssel langsam schmelzen.

MULTITASKING

MANGO-WALNUSS-JOGHURT

BUFF

Birne-Blauschimmel-Joghurt

PREPARATION TIME
10 MIN.

PLAYER
2

Nährwerte pro 100 g

KALORIEN	KOHLENHYDRATE	EIWEISS	FETT
125 kcal	12,5 g	5,1 g	6,2 g

ITEMS

1 Birne (250 g)

1 Pck. Blauschimmelkäse (100 g)

½ Becher Joghurt Natur (250 g)

2 EL Honig (40 g oder alternativ Honigwabe; erhältlich beim Imker)

Salz

edelsüßes Paprikapulver

schwarzer Pfeffer aus der Mühle

PREPARATION

1. Die Birne waschen und in Scheiben schneiden.
2. Blauschimmelkäse mit einer Gabel in mundgerechte Stücke zerteilen.
3. Birne mit Joghurt und Blauschimmelkäse auf zwei Tellern anrichten, den Honig über den Joghurt träufeln.
4. Mit Salz, Paprikapulver und Pfeffer würzen.

SHOPPING LIST SCHNELL AUFS HANDY?

PRO-TIPP

Blauschimmelkäse gibt es in unterschiedlicher Qualität. Der französische Roquefort und der englische Stilton sind unter Käseliebhabern sehr bekannte Sorten. Birnen passen sehr gut zu Süßspeisen und harmonieren super mit herzhaften Zutaten.

BIRNE

Die saftige Birne ist reich an Vitaminen und Mineralstoffen und zählt neben dem Apfel zu den beliebtesten Obstsorten. Der hohe Kaliumgehalt wirkt entwässernd, das Kalium fördert also die Blasen- und Nierengesundheit.

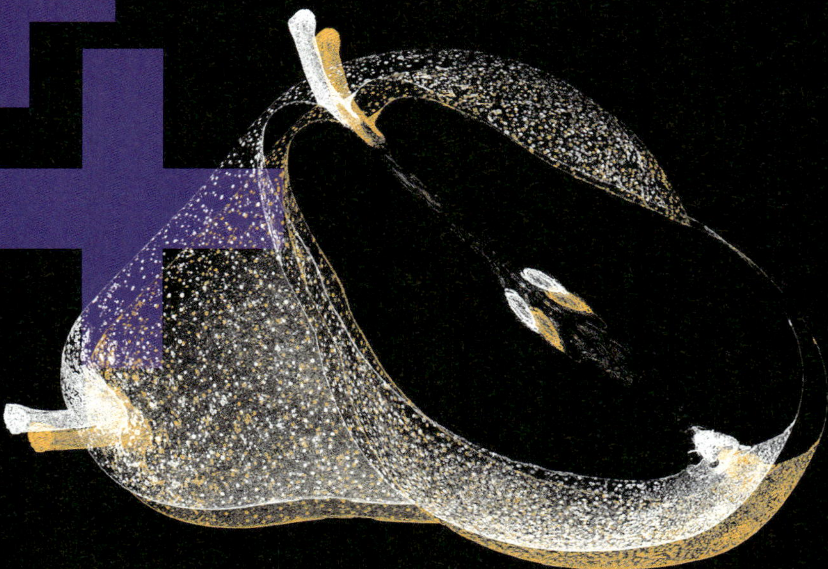

Durch die vielen enthaltenen Ballaststoffe sättigen Birnen schnell und fördern die Verdauung. Der glykämische Index von Birnen weist eine geringe Last auf – das heißt, der Verzehr lässt den Insulinspiegel im Körper nur langsam steigen und der Blutzuckerspiegel bleibt stabil. Da sich die meisten Vitamine und sekundären Pflanzenstoffe unter der Schale befinden, sollten Birnen wie anderes Kernobst ungeschält gegessen werden.

ENTZÜNDUNGS-HEMMER

HUNGER-BEKÄMPFER

BLUTDRUCK-SENKER

ROTE ZWIEBELN

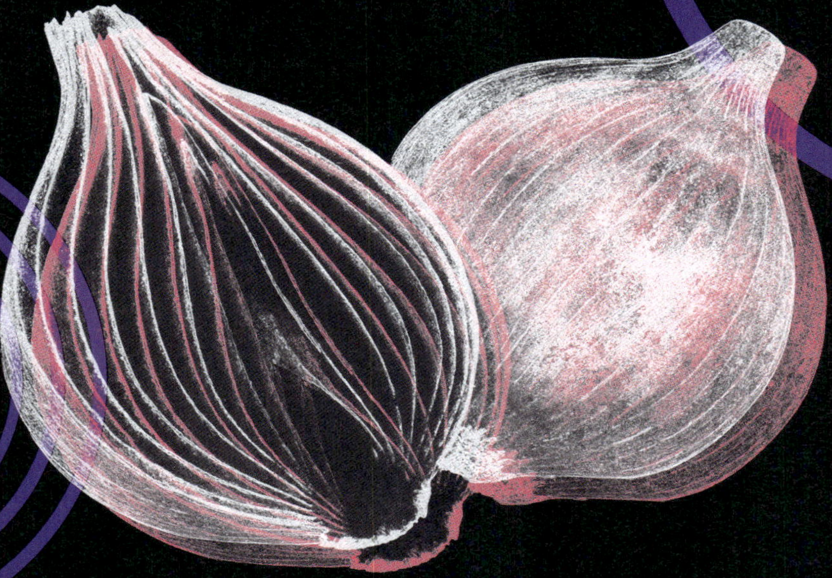

Als natürlicher Geschmacksverstärker sind Zwiebeln in der Küche absolut unverzichtbar. Noch dazu sind sie sehr gesund: Mit ihrem hohen Vitamin-C-Gehalt stärken sie das Immunsystem und schützen den Körper vor freien Radikalen.

Kalium fördert die Nierenfunktion und unterstützt die Muskelkontraktion. Die in der Zwiebel enthaltenen Antioxidantien und andere Nährstoffe gehen beim Erhitzen leider verloren, deshalb solltest du idealerweise häufig rohe Zwiebeln essen. Rote Zwiebeln sind dafür bekannt, den Cholesterinspiegel zu senken.

REGENERATIONS-BOOSTER

ENTZÜNDUNGS-HEMMER

BLUTDRUCK-SENKER

PREPARATION TIME
10 MIN.

PLAYER
2

Nährwerte pro 100 g

KALORIEN	KOHLENHYDRATE	EIWEISS	FETT
94 kcal	20,3 g	1,2 g	0,4 g

ITEMS

2 Orangen (300 g)

1 Avocado (300 g)

2 rote Zwiebeln (120 g)

½ Becher Joghurt Natur (250 g)

edelsüßes Paprikapulver

Salz

schwarzer Pfeffer aus der Mühle

PREPARATION

1. Orangen schälen und in dünne Scheiben schneiden.
2. Avocado halbieren, den Kern entfernen, das Fruchtfleisch herauslösen und in Scheiben schneiden.
3. Die Zwiebeln abziehen und in Streifen schneiden.
4. Joghurt flächig auf zwei Tellern verteilen und darauf die Orangenscheiben geben.
5. Avocados und Zwiebeln auf den Orangen anrichten, abschließend mit Paprikapulver, Salz und Pfeffer würzen.

SHOPPING LIST SCHNELL AUFS HANDY?

PRO-TIPP

Verwende für dieses Rezept unbedingt kernlose Orangen.

ALLROUNDER

ORANGE-AVOCADO-JOGHURT

MULTIKILL

MELONEN-JOGHURT MIT OLIVENPASTE

PREPARATION TIME
10 MIN.

PLAYER
2

Nährwerte pro 100 g

KALORIEN	KOHLENHYDRATE	EIWEISS	FETT
88 kcal	10,9 g	2,1 g	3,7 g

ITEMS

1 Honigmelone (1 kg)

1 Becher Joghurt Natur (500 g)

2 EL Honig (40 g)

Saft von ½ Zitrone

2 EL Olivenptapenade (30 g)

3 EL Olivenöl

Salz

schwarzer Pfeffer
aus der Mühle

½ Pck. Gartenkresse

PREPARATION

1. Honigmelone schälen und halbieren. Mit einem Löffel das Kerngehäuse entfernen und das Fruchtfleisch in Spalten schneiden.
2. Den Joghurt auf zwei Schüsseln verteilen, erst den Honig und dann einen Spritzer Zitronensaft darüberträufeln.
3. Die Melonenspalten auf dem Joghurt verteilen.
4. Olivenptapenade und Olivenöl mischen und über die Melone geben.
5. Mit Salz und Pfeffer würzen und mit frischer Kresse garnieren.

SHOPPING LIST
SCHNELL AUFS
HANDY?

PRO-TIPP

Wenn du keine Honigmelone bekommst, switche einfach auf Galia-, Cantaloupe- oder Charentais-Melone um.

HONIGMELONE

Eine reife Honigmelone enthält bis zu 10 Prozent Zucker und ist damit ein guter sowie erfrischender Energielieferant mit etwa 55 kcal pro 100 g Fruchtfleisch. Ein hoher Anteil an Kalium und Provitamin A sowie wertvolles Calcium, Vitamin C, die Vitamine B_1 und B_2, Phosphor und Eisen verbinden sich zu einem gesunden Vitamin- und Spurenelemente-Cocktail.

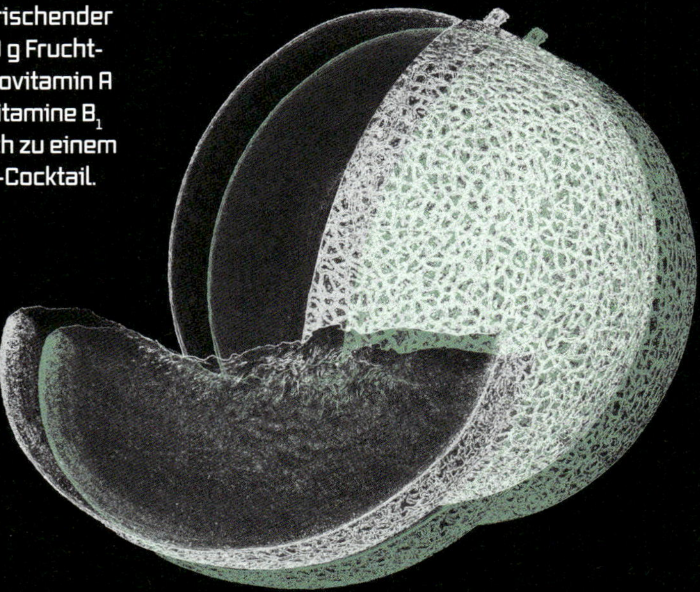

Plus: Der sekundäre Pflanzenstoff Citrullin kann Ermüdungszustände bessern. Den Hauptanteil der Honigmelone macht mit etwa 85 Prozent jedoch Wasser aus. Damit ist eine Honigmelone auch ein wunderbarer Durstlöscher.

AUSDAUER-STEIGERER

MOTIVATIONS-SCHUB

FOKUS-BOOSTER

KAPITEL 6

DRINKS

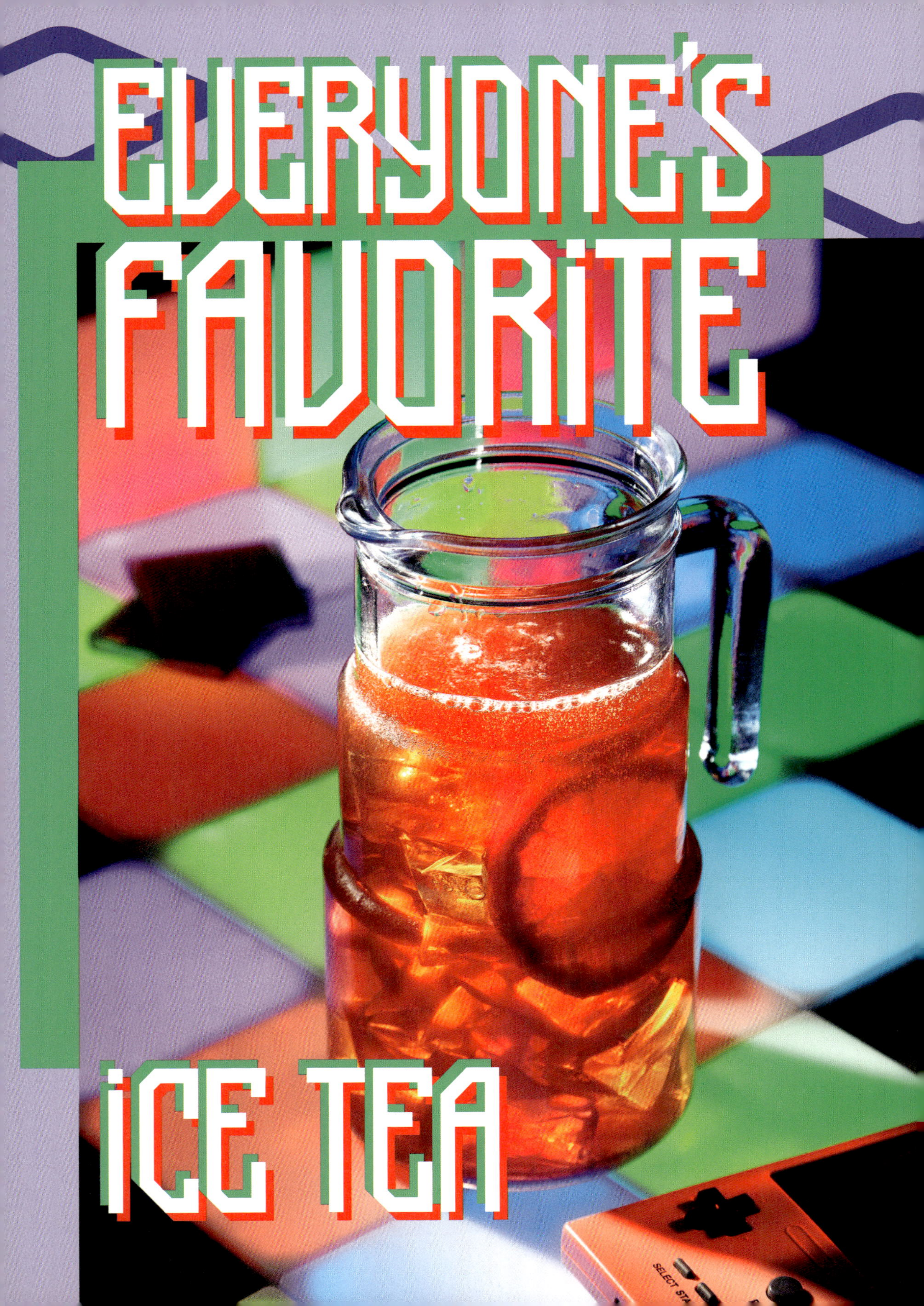
EVERYONE'S FAVORITE
ICE TEA

PREPARATION TIME
10 MIN.

PLAYER
2

Nährwerte pro 100 g

KALORIEN	KOHLENHYDRATE	EIWEISS	FETT
94 kcal	20,3 g	1,2 g	0,4 g

ITEMS

3 Beutel Früchtetee

3 Beutel schwarzer Tee

3 Beutel Pfefferminztee

3 Bioorangen

Saft von 2 Zitronen

5 EL Honig (100 g)

1 Beutel Eiswürfel (1,5–2 kg)

PREPARATION

1. 2 Liter Wasser in einem großen Topf zum Kochen bringen und alle Teebeutel darin 7 Minuten ziehen lassen, dann herausnehmen.
2. Orangen waschen, trocken tupfen, in Scheiben schneiden und in den Tee geben. Zitronensaft und Honig einrühren.
3. Die Eiswürfel hinzufügen und den Tee eiskalt trinken.

SHOPPING LIST SCHNELL AUFS HANDY?

PRO-TIPP

Probiere unterschiedliche Teesorten! Für die Zubereitung eignen sich beispielsweise auch Orangen- oder Zitronentee. Einen extra Frischekick gibt etwas frisch geriebener Ingwer.

EISTEE

Pro Tag braucht unser Körper 2 bis 3 Liter Flüssigkeit: Etwa 1 Liter Flüssigkeit nimmt eine durchschnittliche Person mit der Nahrung auf, 1,5 Liter sollten durch Getränke zusammenkommen. Diese Trinkmenge gilt als Tagesminimum. Das hört sich erst mal viel an – relativiert sich aber schnell, wenn man bedenkt, dass der Körper im Laufe des Tages 1 Liter Flüssigkeit über die Haut, das Atmen und den Darm verliert. Die restlichen 1,5 Liter werden über den Urin ausgeschieden.

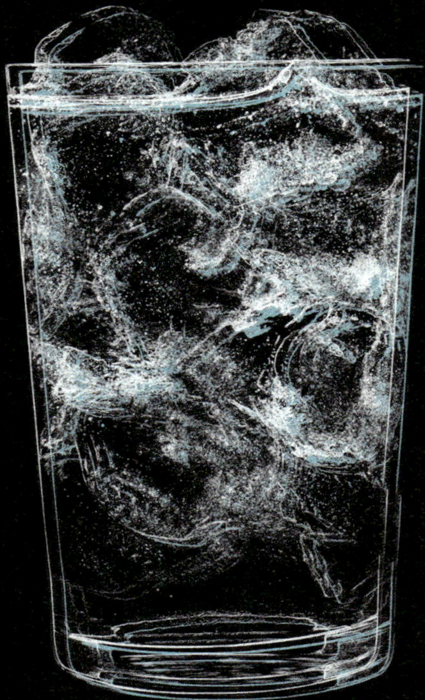

Immer nur Wasser pur ist aber nicht jedermanns Sache. Deshalb ist Tee eine sehr gute und gesunde Alternative. Denn der hat nicht nur Geschmack, sondern enthält darüber hinaus viele sekundäre Pflanzenstoffe, Vitamine und Mineralstoffe. Beispielsweise die Vitamine B_1 und B_2, Calcium, Magnesium, Eisen und Kupfer.

Das Koffein in schwarzem Tee fördert die Konzentration und die Gerbstoffe im Tee wirken sich positiv auf Blutdruck und Cholesterinspiegel aus. Die belebende Wirkung von schwarzem Tee wird auch von Kaffeetrinkern geschätzt.

BLUTDRUCK-SENKER

FOKUS-BOOSTER

MOTIVATIONS-SCHUB

BANANE X MANGO

Die Kombi von Banane und Mango ist in Sachen Nährstoffen und Vitaminen ein echtes Dreamteam: Neben Vitamin C, Vitamin E und Folsäure enthalten Mangos vor allem Beta-Carotin – daher kommt auch die tolle gelbe Farbe des Fruchtfleisches. Beta-Carotin ist eine Vorstufe von Vitamin A, das unter anderem für die Erneuerung der Zellen, eine gesunde Sehkraft und das Immunsystem wichtig ist. Vitamin C stärkt die Abwehrkräfte und Folsäure unterstützt die Zellteilung.

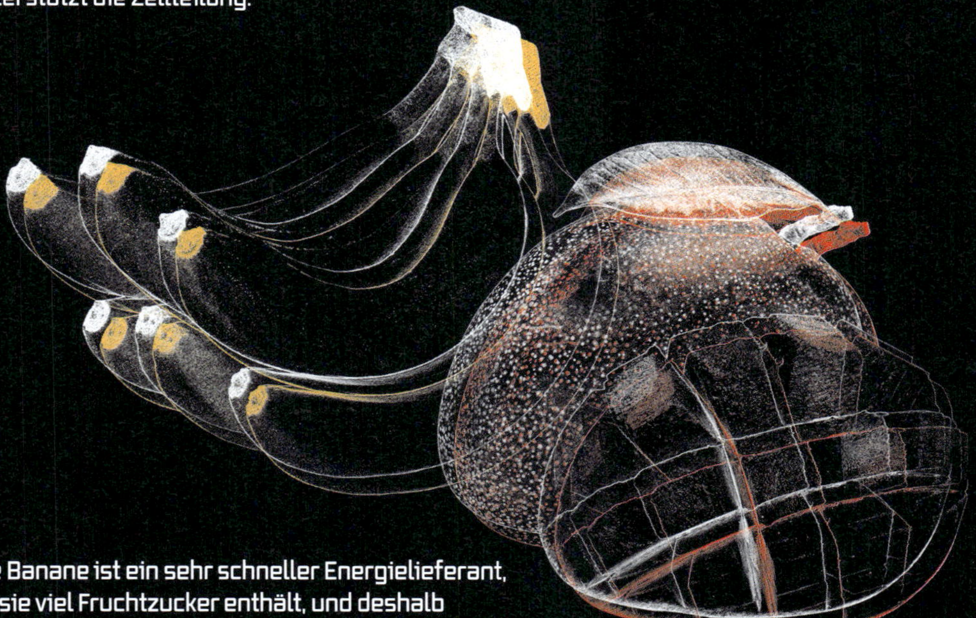

Die Banane ist ein sehr schneller Energielieferant, da sie viel Fruchtzucker enthält, und deshalb besonders bei Sportlern beliebt. Außerdem sind Bananen reich an Kalium (wichtig für Herz und Blutdruck) und Magnesium (benötigt für den Aufbau von Knochen, Muskeln und Nervenzellen). Mit dem Reifegrad ändert sich übrigens der Nährstoffgehalt: Reife gelbe Früchte liefern viel Magnesium und sehr viel Protein, grüne Bananen enthalten viel Kalium und sind ballaststoffreicher.

PREPARATION TIME
5 MIN.

PLAYER
2

Nährwerte pro 100 g

KALORIEN	KOHLENHYDRATE	EIWEISS	FETT
67 kcal	11,9 g	8,8 g	1,4 g

ITEMS

1 Banane (180 g)

1 Mango (450 g)

½ Becher Joghurt Natur (250 g)

Saft von 1 Limette

PREPARATION

1. Banane schälen und in Stücke schneiden.
2. Mango schälen, das Fruchtfleisch vom Stein lösen und ebenfalls in Stücke schneiden.
3. Bananen- und Mangostücke mit Joghurt und Limettensaft im Mixer pürieren. Bis zum Verzehr kalt stellen.

SHOPPING LIST SCHNELL AUFS HANDY?

PRO-TIPPS

1. Eine reife Mango erkennst du am Drucktest: Reife Mangos haben eine Schale, die bei Ausüben von Druck nachgibt und auf der dann kurzzeitig eine leichte Druckstelle sichtbar ist.
2. Bananen und Mangos sind von Natur aus süß. Deshalb kommt der Smoothie super ohne Zucker oder andere Süßungsmittel aus.

MASTER
MANGO-
BANANEN-SMOOTHIE

SOS

SWEET ORANGE SHOT

PREPARATION TIME
6 MIN.

PLAYER
2

Nährwerte pro 100 g

KALORIEN	KOHLENHYDRATE	EIWEISS	FETT
71 kcal	14,7 g	0,8 g	0,6 g

ITEMS

Saft von 2 Orangen

Saft von 1 Limette

½ TL gemahlene Kurkuma

1 TL Honig (20 g)

SHOPPING LIST SCHNELL AUFS HANDY?

PREPARATION

1. Orangensaft und Limettensaft vermischen.
2. Kurkuma und Honig mit einem Schneebesen einrühren.
3. Shot in kleinen Gläsern servieren.

PRO-TIPP

Verwende für dieses Rezept am besten Saftorangen.

KURKUMA

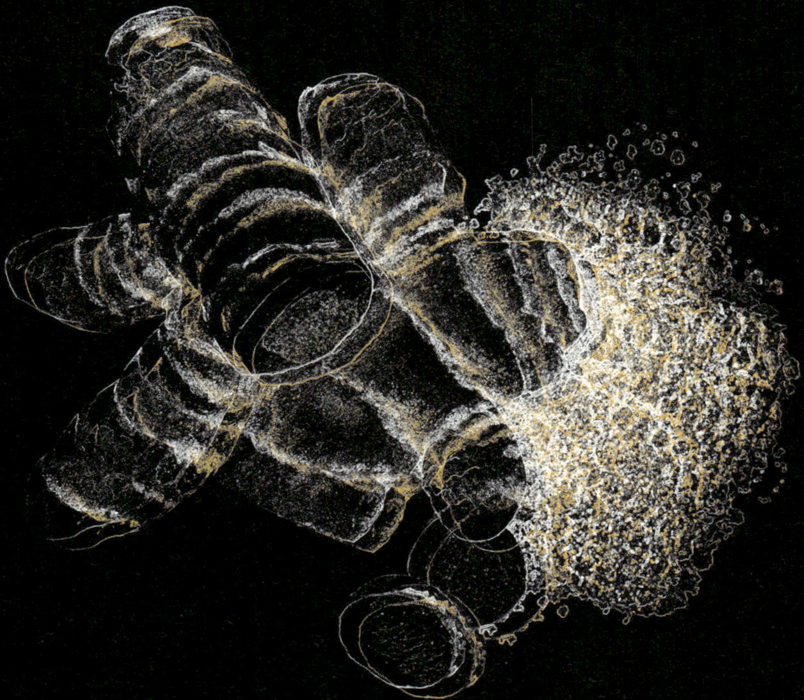

Kurkuma ist aus Curry-Mischungen bekannt und wird als Gewürz gern zum Kochen eingesetzt. Die kleine Wunderwurzel kann aber mehr, als nur für mehr Geschmack zu sorgen: Traditionell gilt Kurkuma – auch Gelbwurz genannt – als verdauungsfördernd und hilfreich gegen Blähungen. Sie fördert die Produktion von Gallensäuren und macht damit Fette verdaulicher. Die Wirkung wird überwiegend dem Inhaltsstoff Curcumin zugesprochen, der auch für die kräftige gelbe Farbe sorgt. Außerdem soll Kurkuma entzündungshemmend wirken.

BAKTERIEN-KILLER

VERDAUUNGS-HELFER

ENTZÜNDUNGS-HEMMER

ANANAS

Frische Ananas ist kalorienarm, aber besonders ergiebig in puncto Vitaminen: Sie enthält die Vitamine B_1, B_2, B_6 und E, versorgt dich mit Beta-Carotin und Folsäure und deckt fast ein Viertel deines Tagesbedarfs an Vitamin C. Bei den Mineralstoffen punktet die Tropenfrucht mit Kalium, Calcium, Magnesium, Eisen und Zink. Und: Ananas ist ein Stimmungsbooster, denn ihr natürlicher Aromastoff Vanillin unterstützt die Produktion des Glückshormons Serotonin.

Außerdem besitzt die Ananas ein Enzym, das sonst in keiner anderen Frucht vorkommt: Bromelain. Das spaltet Eiweiße im Körper und unterstützt so die Verdauung. Darüber hinaus wirkt Bromelain entzündungshemmend und wird oft als pflanzliches Arzneimittel verarbeitet.

Eine Ananas schmeckt erst dann so richtig gut, wenn das Fruchtfleisch nicht mehr allzu fest ist und einen süßlichen Duft verströmt. Um eine reife Frucht zu erkennen, rieche deshalb am besten am Blütenboden. Riecht er fruchtig-süß, ist die Ananas in der Regel reif. Als weiteres Indiz gelten die Blätter: Bei einer reifen Frucht sollten sich die inneren Blätter sehr leicht aus dem Schopf lösen lassen.

MOTIVATIONS-SCHUB

STRESS-VERNICHTER

VERDAUUNGS-HELFER

PREPARATION TIME
10 MIN.

PLAYER
2

Nährwerte pro 100 g

KALORIEN	KOHLENHYDRATE	EIWEISS	FETT
64 kcal	15,3 g	0,4 g	0,1 g

ITEMS

½ Ananas (600 g)

1-cm-Stück frischer Ingwer

1 TL Currypulver

½ Glas Mineralwasser (100 ml)

2 EL Honig (40 g)

PREPARATION

1. Ananas schälen und vierteln, den Strunk entfernen und das Fruchtfleisch in 2 cm große Stücke schneiden.
2. Den frischen Ingwer schälen und in dünne Scheiben schneiden.
3. Ananas, Ingwer, Currypulver, Mineralwasser und Honig in einem Mixer bei höchster Stufe 1 Minute pürieren.
4. Bis zum Verzehr kalt stellen.

SHOPPING LIST SCHNELL AUFS HANDY?

PRO-TIPP

Mit einem Teelöffel lässt sich Ingwer supereasy schälen. Einfach mit dem Löffelrücken über die Oberfläche schaben – so löst sich die Haut ab, man kommt an alle schwierigen Stellen und hat noch dazu sehr wenig Abschnitt.

ANY %

ANANAS-SMOOTHIE

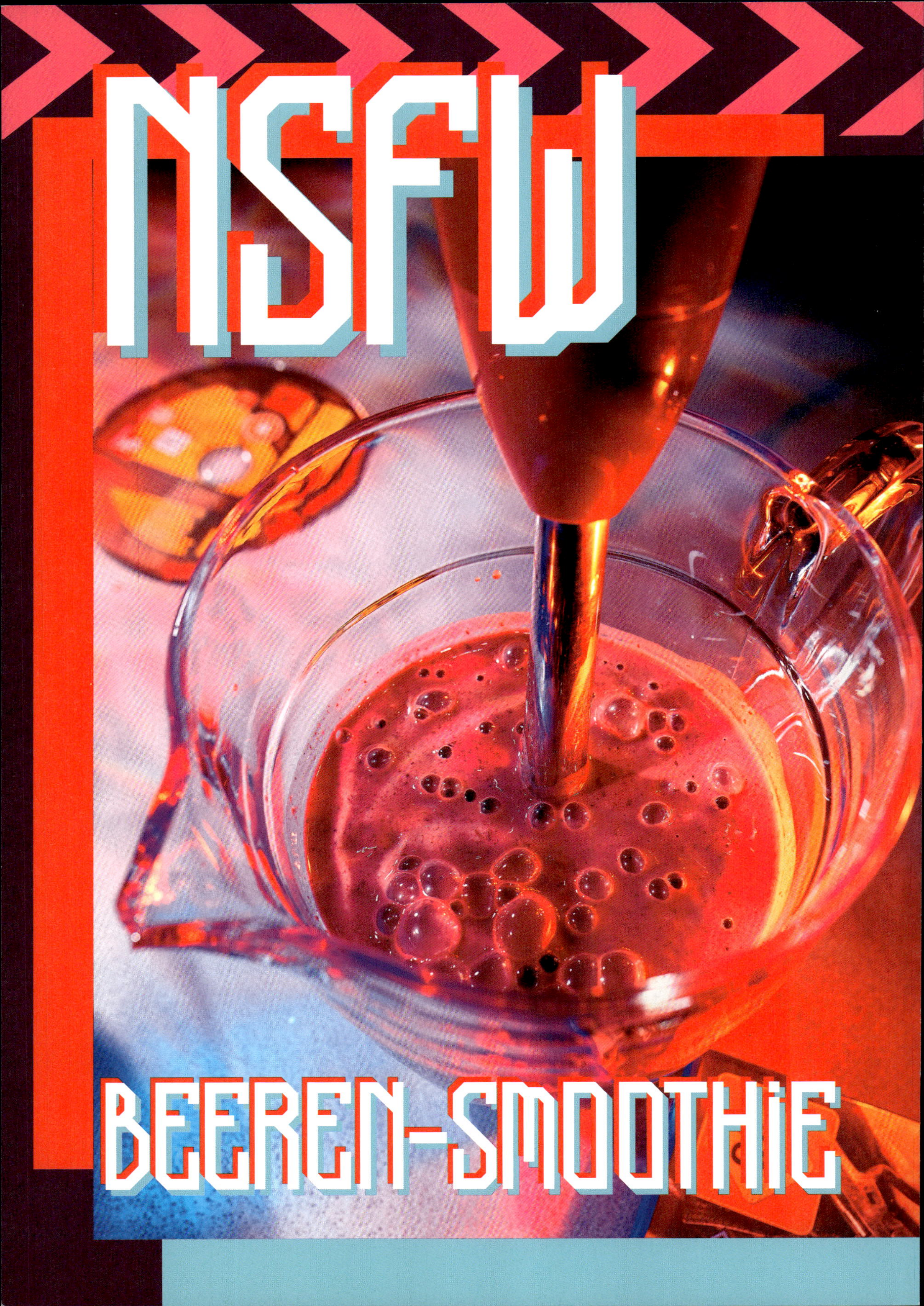
NSFW
BEEREN-SMOOTHIE

PREPARATION TIME
6 MIN.

PLAYER
2

Nährwerte pro 100 g

KALORIEN	KOHLENHYDRATE	EIWEISS	FETT
79 kcal	13,8 g	2,3 g	1,7 g

ITEMS

1 Pck. TK-Beerenmix (300 g)

½ Tasse Haferflocken (60 g)

1 Glas Mineralwasser (200 ml)

3 EL Honig (60 g)

½ Becher Joghurt Natur (250 g)

SHOPPING LIST SCHNELL AUFS HANDY?

PREPARATION

1. Alle Items in einem Mixer 1 Minute auf höchster Stufe pürieren – fertig. Schneller geht's nicht.

PRO-TIPP

Im Sommer ist das ein perfekter frischer Smoothie. Die Haferflocken sorgen für ein langes Sättigungsgefühl.

BEEREN

Beeren sind absolute Vitaminbooster für den Körper und das Immunsystem: Sie enthalten viele Vitamine (Vitamine A, B, C und E), Mineralstoffe (Magnesium, Calcium und Kalium), Ballaststoffe sowie sekundäre Pflanzenstoffe. Im Vergleich zur Zitrone steckt in Johannisbeeren die dreifache Menge Vitamin C, dicht gefolgt von der Erdbeere. Brombeeren sind reich am Provitamin A, das der Körper in das fürs Sehen wichtige Vitamin A umwandelt. Heidelbeeren punkten mit einer guten Portion Vitamin C und Vitamin E – beide gehören zu den Antioxidantien, die gegen oxidativen Stress arbeiten und die Zellen schützen.

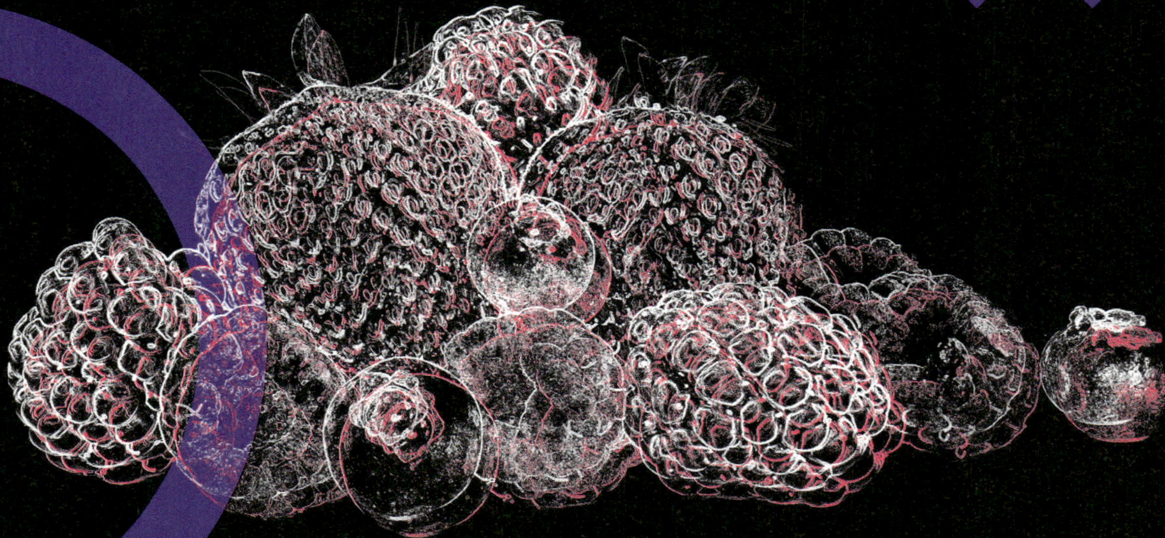

STRESS-VERNICHTER

REGENERATIONS-BOOSTER

BAKTERIEN-KILLER

INGWER

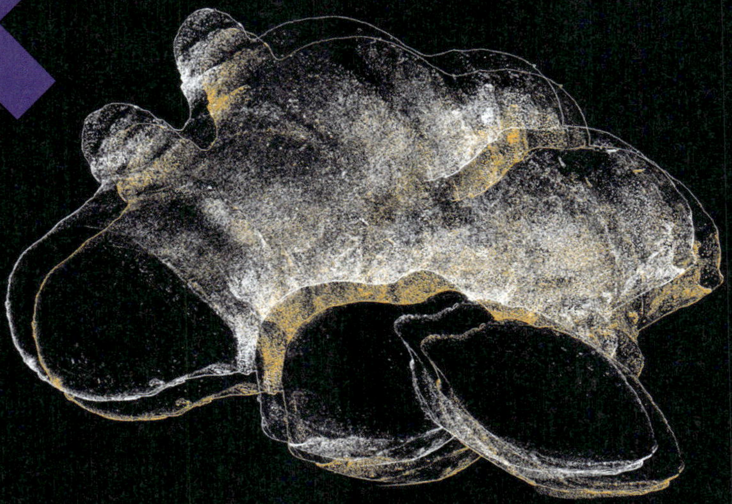

Kratzen im Hals? Ingwer. Stoffwechsel anheizen? Ingwer.
Der Pfiff im Essen fehlt? Ingwer.

Die kleine, aber tolle Knolle ist ein echter Superfood-Megastar. Ihr Geheimnis: Gingerole und die darin enthaltenen ätherischen Öle, die die beste Wirkung aus der frischen Wurzel entfalten. Außerdem enthält sie jede Menge Vitamin C und die Mineralstoffe Magnesium, Eisen, Calcium, Kalium, Natrium und Phosphor.

RUNDUM-VERSORGER

REGENERATIONS-BOOSTER

BAKTERIEN-KILLER

PREPARATION TIME
10 MIN.

PLAYER
2

Nährwerte pro 100 g

KALORIEN	KOHLENHYDRATE	EIWEISS	FETT
14 kcal	2,3 g	0,1 g	0,1 g

ITEMS

3-cm-Stück frischer Bioingwer

1 TL Honig (10 g)

Saft von 1 Zitrone

2 Gläser Mineralwasser (400 ml)

PREPARATION

1. Ingwer mit einem Kartoffelschälmesser in dünne Streifen schneiden und auf zwei Gläser verteilen.
2. In jedes Glas jeweils ½ TL Honig und ein paar Spritzer Zitronensaft geben, mit Mineralwasser auffüllen und 5 Minuten ziehen lassen.

SHOPPING LIST SCHNELL AUFS HANDY?

PRO-TIPP

Ein Kartoffelschälmesser eignet sich sehr gut zum Schneiden von Ingwer. Ingwer schälen ist nur nötig, wenn er schon etwas älter und damit holziger ist oder nicht aus biologischem Anbau stammt.

ENHANCED

INGWER-TONIKUM

BEAT'EM UP

BLAUBEER-ENERGY-SHOT

PREPARATION TIME
8 MIN.

PLAYER
2

Nährwerte pro 100 g

KALORIEN	KOHLENHYDRATE	EIWEISS	FETT
67 kcal	14,3 g	0,5 g	0,8 g

ITEMS

1 Pck. Blaubeeren (200 g)

2 Espressi (50 ml)

3 TL Zucker (15 g)

Saft von ½ Limette

PREPARATION

1. Alle Items und 50 ml Wasser mit einem Pürierstab in einem hohen Gefäß etwa 1 Minute mixen, in Espresso-Tassen füllen und direkt trinken.
2. Bleibt der Shot länger stehen, geliert die Flüssigkeit durch den enthaltenen Mehrfachzucker Pektin, der als natürliches Geliermittel für Marmeladen verwendet wird.

SHOPPING LIST SCHNELL AUFS HANDY?

PRO-TIPP

Wenn du keine Espresso-Maschine hast, nimm einfach richtig starken Kaffee.

KAFFEE

Der bekannteste Wirkstoff in Kaffee – aber auch in Kakao, Tee und Guarana-Beeren – ist das als Wachmacher bekannte Koffein, das über Magen und Dünndarm in die Blutbahn gelangt. Die Wirkung setzt etwa 15 Minuten nach der Einnahme ein und kann bis zu 2 Stunden anhalten: Koffein blockiert das Adenosin in Körper und Gehirn, das für die Müdigkeitssignale zuständig ist.

Gleichzeitig regt Koffein die Produktion von Adrenalin und Cortisol an. Diese beiden Stresshormone verbessern die Sauerstoffversorgung und Konzentration.

MOTIVATIONS-SCHUB

FOKUS-BOOSTER

LEISTUNGS-STEIGERER

K

ACHIEVEMENTS
ZUM ABHAKEN

- ☐ **DAS TUTORIAL**
  Koche deine erste Mahlzeit aus diesem Buch!
- ☐ **A HAPPY LITTLE MISTAKE**
  Essen versalzen oder zu scharf gewürzt? Passiert.
- ☐ **HOFFENTLICH HAT'S NIEMAND GESEHEN!**
  Pro-Tipp: Eierschale gehört nicht ins Rezept.
- ☐ **BURN, BABY, BURN!**
  Die Pizza ist angebrannt? Keep cool!
- ☐ **ZURÜCK ZUM CHECKPOINT**
  Zutat beim Einkaufen vergessen.
- ☐ **DER KLASSIKER**
  Zu viele Nudeln gekocht.
- ☐ **DAS WAR SEHR EFFEKTIV!**
  Vollkommen satt gegessen.
- ☐ **NO NINJAS IN SIGHT**
  Zwiebel geschnitten, ohne zu weinen.
- ☐ **THE NEXT URI GELLER**
  Aus Versehen einen Löffel verbogen.
- ☐ **SPEEDRUN**
  Innerhalb von 30 Minuten gekocht, gegessen und gespült.
- ☐ **WIE BEI OMA**
  Dreimal Nachschlag genommen.
- ☐ **NICHT ALLE HELDEN TRAGEN EIN CAPE**
  Nur in Unterwäsche und Schürze gekocht.
- ☐ **EASY-PEASY LEMON SQUEZZY**
  Zitrone mit der Hand ausgedrückt.
- ☐ **PROFESSIONALS HAVE STANDARDS**
  Während des Kochens weitergezockt.

- [ ] **SNEAK 100**
  Mitten in der Nacht gekocht.
- [ ] **FRIENDLY FIRE**
  Einem Freund etwas Tabasco ins Essen gemischt.
- [ ] **DU SKIPPST WOHL AUCH DIE CREDITS?**
  Nach dem Essen die Küche nicht aufgeräumt.
- [ ] **NEED HEALING!**
  Am Ofen verbrannt.
- [ ] **MULTIPLAYER**
  Für eine LAN-Party gekocht.
- [ ] **DER SUPPORTER**
  Das Buch auf Amazon bewertet.
- [ ] **CHEATER**
  PvP-Pizzawaffeln zubereitet.
- [ ] **DER TAKTIKER**
  Essen für mindestens 4 Tage vorbereitet.
- [ ] **ALLER ANFANG IST LEICHT**
  Nach einem Booster-Shot den ersten Win geholt.
- [ ] **GOTTA COOK THEM ALL**
  Alle Rezepte aus dem Buch gekocht.
- [ ] **SANDBOX MODE**
  Mit dem Kitchendex eigene Gaming-Rezepte kreiert.
- [ ] **HARDMODE**
  Abwasch per Hand erledigt.
- [ ] **WORK SMART NOT HARD**
  QR-Code-Einkaufsliste genutzt.
- [ ] **ALL DAY LONG**
  Morgens, mittags, abends und nachts je ein Gericht zubereitet.
- [ ] **OUTDOOR SURVIVAL**
  Mit einer Portion vom Lieblingsgericht draußen eine Runde gezockt.
- [ ] **PLATIN**
  Kudos! Alle Achievements abgehakt.

WIR DANKEN UNSEREN PARTNERN

GAMES ACADEMY™

www.games-academy.de

FOOD ATELIER

www.foodatelier.de

EDEL COLORS

www.edel.com

MARKENPARTNER

Agentur für Kommunikation GmbH

www.markenpartner.com

federworx

www.federworx.de

ZUTATENREGISTER

IMPRESSUM

GAMER'S KITCHEN
SCHNELLE & GESUNDE REZEPTE

ISBN 978-3-948991-03-6
Erschienen bei Edel Colors
Ein Verlag der Edel Verlagsgruppe GmbH
Neumühlen 17, 22763 Hamburg

Herausgeber und Copyright © 2022:
Gutedel Verlag – Melanie Pranschke
Carl-Friedrich-Goerdeler-Straße 22
45472 Mülheim an der Ruhr
www.gutedelverlag.de

Autoren:	Fabian Goerigk und Rafael Pranschke
Lektorat:	Doreen Köstler
Umschlagfoto:	Rafael Pranschke
Fotografie:	www.foodatelier.de
Streamerfotos:	jeweils an den Fotos vermerkt
Grafik und Gestaltung:	Markenpartner Agentur für Kommunikation GmbH/ Martin Heinke
Druck und Bindung:	Florjančič tisk d.o.o., Perhavčeva ulica 44, SI - 2000 Maribor

Im Vertrieb der Edel Verlagsgruppe GmbH / buchvertrieb@edel.com

DANKE

Der Verlag dankt den Autoren Fabian Goerigk und Rafael Pranschke für das wunderbare Buch.

Danke an Dr. Olaf Conrad für das entgegengebrachte Vertrauen.

Danke an Martin Heinke von der Agentur Markenpartner für die Gestaltung und den Satz des Buches.

Danke an Doreen Köstler für das Lektorat.

Ein großer Dank an Marie Brüske für die tatkräftige Unterstützung während der gesamten Produktion.